生活因阅读而精彩

生活因阅读而精彩

白话孙子兵法

译注与诠释

孙武／著　秋羽／注释

时事出版社

图书在版编目(CIP)数据

白话孙子兵法:译注与诠释 / (春秋)孙武著;秋羽注释.—北京:时事出版社,2015.1

ISBN 978-7-80232-741-2

Ⅰ.①白… Ⅱ.①孙… ②秋… Ⅲ.①兵法-中国-春秋时代 ②《孙子兵法》-译文 ③《孙子兵法》-注释 Ⅳ.①E892.25

中国版本图书馆 CIP 数据核字(2014)第190997号

出版发行:时事出版社
地　　址:北京市海淀区万寿寺甲2号
邮　　编:100081
发行热线:(010)88547590　88547591
读者服务部:(010)88547595
传　　真:(010)88547592
电子邮箱:shishichubanshe@sina.com
网　　址:www.shishishe.com
印　　刷:北京建泰印刷有限公司

开本:787×1092　1/16　印张:17　字数:220千字
2015年1月第1版　2015年1月第1次印刷
定价:29.80元

前言

在世人眼里，宋代是一个貌似文弱的朝代，然而宋朝人在军事理论方面却做了一件大事。宋神宗元丰八年（公元 1080 年），北宋朝廷颁行了一套兵法丛书，称为《武经七书》，这是中国古代第一部军事教科书。

《武经七书》由七本军史著作组成，包括《孙子兵法》、《吴子兵法》、《六韬》、《三略》、《司马法》、《尉缭子》、《李卫公问对》，为首的则是被称为“兵学圣典”的《孙子兵法》。《孙子兵法》是全世界最早的军事著作，共分为始计、作战、谋攻、军形等 13 篇，加起来总共只有 5000 余字，然而直至今日却仍然是人们学习军事理论最基础的教材。

《孙子兵法》恐怕算得上是在国外流传最广、影响力最大的一部中国古典名著了。《孙子兵法》至今已经被翻译成英、俄、德、日等 20 多种语言文字，全世界有数千种关于《孙子兵法》的刊印本，美国西点军校和哈佛商学院将其列为高级管理人才的培训必读教材。要知道，西方唯一一部可以和《孙子兵法》并称的军事理论著作《战争论》诞生于 19 世纪，比诞生于春秋时期的《孙子兵法》晚了足足 2300 年。以至于以色列当代战略学者马丁·范·克里费德感慨道："所有战争研究著作中，《孙子兵法》是最佳，而克劳塞维茨的《战争论》则只能屈居第二。"

中国人自己当然更是对《孙子兵法》推崇无比，历代都将其列为兵书之首，并且将《孙子兵法》的作者孙武奉为"兵圣"，比如唐代李世民便说："观诸兵书，无出孙武。"

《孙子兵法》之所以如此备受推崇，其原因在于里面虽然句句讲的都是战争之道，但是其中所包含的理论和智慧却已经上升到了哲学的高度，被广泛运用于军事斗争、商业竞争等社会生活的方方面面，给我们提供了许多思考问题、解决问题的方法。

相对于《论语》、《道德经》等其他先秦著作而言，《孙子兵法》是通俗的，但是对于现代人来说，《孙子兵法》却依然晦涩难懂。正是因为孙武将兵法的大道上升到了哲学的高度，后人才需要通过更多的解析来了解其中的真谛，而这也正是本书成书的最根本原因。

本书对《孙子兵法》的解读通过原典、注释、译文、解析和解读五部分来完成。"原典"、"注释"和"译文"可以帮助读者领略最原汁原味的《孙子兵法》，"解析"针对《孙子兵法》在军事方面的实际应用，而"解读"则将其中的大智慧引申到生活的方方面面，帮助读者学会《孙子兵法》在现实中的无穷妙用。

正所谓"世界上任何一个领域的终极智慧都是相通的"，《孙子兵法》无疑做到了这一点，希望读者可以从中汲取营养，收获来自 2500 年前的智慧启迪。

目录

CONTENTS

第十篇 | 地形篇

第十一篇 | 九地篇

第十二篇 | 火攻篇

第一篇　始计篇

始计篇（一）

原典

孙子曰：兵[①]者，国之大事，死生之地，存亡之道，不可不察[②]也。

注释

①兵：原意指武器、兵刃，后引申为军队、军事，本文译为战争。

②察：分析、论证，考察研究。

译文

孙子说：战争，是国家的头等大事，它事关百姓生死、国家存亡，必须对其进行认真地分析和研究。

解析

作为中国乃至世界军事史上最负盛名的军事学家，孙子凭借他在军事领域的研究成果闻名于世。但是孙子并非是一个好战者，相反，孙子对战争带来的危害有深刻的体会。孙子强调，战争是一个国家的大事，君主必须在战前考虑它可能带来的人员伤亡和国家财力的损失。不管国家大小，国力强弱，任何君主都不应轻启战端，以免给国家造成重大损失，甚至直接导致国家的覆灭。在战争面前，每个君王都应该慎之再慎。为军者慎战，展示了“兵圣”孙子超然的思想境界。

孙子对于战争的客观性有着冷静而清醒的认识。只要有利益对立，人类就不能避免战争。正是基于对战争客观性的深刻理解，孙子一方面告诫主动发起战争的君主要慎重，希望他们明白战争并不是一个国家走向强盛的最好方式，穷兵黩武，不断用兵会折损国力，造成生灵涂炭，民不聊生；另一方面，孙子则要求被动出战的君王要积极备战。忘战必危，只有为战争做好充分准备，才是避免战争最好方法。这种战争观与另一部军事学著作《司马法》中提到的“国虽大，好战必亡；天下虽安，忘战必危”有异曲同工之妙。孙子对战争的理解和分析，为后人树立正确的战争观提供了指导思想。

解读

人对自我生活的态度，决定了他对待智慧的态度。

《孙子兵法》是兵家圣典，它所涵括的智慧却不仅仅在战争领域，它沉淀着作者对国与国、人与人关系的观察与结论，是对竞争关系的总结，教导弱者自保，强者自强，通过协调和均衡最终化解敌对关系。所以，读《孙子兵法》，不能单纯地认为它是一部教导如何攻伐取胜的教科书。

谋略思想，是《孙子兵法》的精华，也是孙子对待战争的基本态度。自人类诞生之日起，就因为各种理由和问题爆发战争。战争几乎伴随着整个人类的历史进程。为什么人类会如此“好战”？从动物学的角度来看，人类虽然已经进化成高等动物，但还保留着一般动物所具有的攻击行为。

争斗，是大自然物竞天择、适者生存的重要方式。大自然中的动物会为了食物、领地、配偶展开激烈的争斗。作为高等动物，人与人之间的战争目的更加复杂，但通过战争的方式逐利的本质与普通动物之间的攻击行为并无二致。

当今时代，传统意义上的兵戎相见离我们越来越远，但在社会生活的其他领域，逐利的竞争却在我们的生活中愈演愈烈。随着科技的不断发展，世界各国交往越来越密切，各个领域的发展水平越来越走向成熟，市场竞争、人才竞争乃至一个国家综合国力的竞争都日趋白热化。

对个人发展而言，每个人都面临着残酷的生存考验，升学、就业、创业、发展，都需要经过重重审核，过关斩将后才能脱颖而出，实现自己的人生价值。没有人能回避竞争，竞争给人以考验，也督促人迅速成长。

在这样一种世界大环境下，孙子的慎战和积极备战的思想便是一条处世忠告。它奉劝人们既不要轻率地主动挑起战火，要为寻找实现双赢的合作模式积极努力；更要对各种竞争做好充分的准备，时刻注意提高自身的竞争力。一旦遭遇激烈竞争，必须审时度势，步步为营，才能够屹立不倒，让自己在每一次的竞争之后达到一个新的高度。

《始计篇》是《孙子兵法》的总章，谋略需从备战开始：大到国与国的政策制定，小到日常生活中最简单直接的人际关系，“兵者”，是每个国家、团体、个人都不可忽视的现实资本。“不可不察”，是观察、考察、觉察，是在战略的角度上了解自我，了解他人。

从历史事件中，我们也可以得知“察”的重要。公元前 221 年，秦始皇统一中国，建立了大秦王朝。然而在立国仅仅 15 年之后，秦国就宣告灭亡了，原因正是由于历代秦王好战所致。

通过多年的战争，秦国虽然最终统一了六国，但却在各国人民心中埋下了仇恨的种子，这一点，秦始皇“不察”；而秦始皇在统一中原之后，缺乏一个君主应有的气度，没有用心化解民众国破家亡的仇恨，而依然把他们当成敌国奴民来对待，百般防范，变本加厉地横征暴敛，这一点，是秦始皇为君为政的

“不察”。在秦朝的残暴统治下，民怨爆发，六国民众纷纷起义，不可一世的大秦帝国顷刻间如大厦之倾覆，土崩瓦解，这都是秦始皇刚愎自用，只重视战争的作用，却不重视战争的缘由与后果所导致的。用战争的思维来统治国家，管理百姓，哪怕六国尽收囊中，秦国也并不会变得更加强大，反而如贴身藏刃，时刻都有可能变生肘腋。

凡事都以战争思想为指导，就会导致穷兵黩武，人心尽失。但一个国家倘若缺乏战争思想，一个人倘若没有竞争意识，也会害了自己。历史上，南宋偏安江南，对战争没有充分的准备，消极避战、怯战，面对金国和蒙古军队的进攻，一味地以退让的方式逃避战争，甚至为了向敌人显示不抵抗的决心还自毁长城，以莫须有的罪名杀害名将岳飞。然而这种消极怯战的心理和行为，最终却也没能阻止战争的发生。

所以，人不能以战争为目的去生活，但却不可轻忽来自四面八方的危险。孙子以谨慎的态度发起战争，以积极的态度来预防战争的思想，不仅对现实的战争，即是对各领域的竞争，都有广泛的指导意义。不管是对国家间的战争，还是社会各领域的竞争来说，有备无患才是永恒的真理。

当然，我们也不能一味地用激烈甚至恶意的竞争去赢得胜利。与其和对手拼个你死我活，不如花点时间去通过创新来提高自己的能力，另辟蹊径去开拓自己的一片天空。止损胜于消耗，合作胜于苦斗，拥有强大的实力才能确保在竞争中立于不败之地。

所以，为了避免不必要的消耗，为了控制可避免的风险，每个人都要学会“察”，观察形势，观察对手，也观察自己，积极地思考如何提高自己的能力，避免走弯路和错路，这才是提高自身实力的不二法门。

始计篇（二）

原典

故经[①]之以五事[②]，校之以计[③]而索[④]其情：一曰道，二曰天，三曰地，四曰将，五曰法。道者，令民于上同意也，故可以与之死，可以与之生，而不畏危；天者，阴阳、寒暑、时制[⑤]也。地者，远近、险易、广狭、死生也。将者，智、信、仁、勇、严也。法者，曲制[⑥]、官道[⑦]、主用[⑧]也。凡此五者，将莫不闻。知之者胜，不知者不胜。故校之以计而索其情，曰：主孰有道？将孰有能？天地孰得？法令孰行？兵众孰强？士卒孰练？赏罚孰明？吾以此知胜负矣。将[⑨]听吾计，用之必胜，留之；将不听吾计，用之必败，去之。

注释

①经：衡量、评判。

②五事：五个方面的事情，这里是指文中提到的道、天、地、将、法。

③校之以计：校通较，比较。计，指文中的七计。

④索：探索、探究。

⑤时制：四季交替的规律。

⑥曲制：指军队的编制制度。

⑦官道：官员遵循的制度，这里指文武官员的职责划分和统辖管理等制度。

⑧主用：指军队的物资、军费的供应和管理制度。

⑨将：将要，文中指假如，也有将领一说。

译文

因此，在分析敌我双方的时候，要通过以下五个方面进行研究比较，从而预测战争的情况。一是道义，二是天时，三是地利，四是将帅，五是法规制度。所谓道义，是指君王要和民众意志统一，同心同德，患难与共，目标相同，意志统一，可以同生共死，不怕危险困难。天时，指的是昼夜交替、阴晴寒暑、季节变换等气候情况。地利，指距离远近，地势的高低、险要与否、广阔狭窄等地理条件。所谓将帅，是说为将者应该足智多谋，有信义，有仁心，处事果敢，军纪严明。法规制度，是说军队的编制、配备，权利、责任的划分、军需品的管理情况与制度。这五方面为将者必须掌握，它决定着战争的胜利与否。所以，在战争之前要将敌我双方进行细致地分析对比，搞清楚战争的形势和详细情况。所以我说：战争的胜负，在于哪一方的君主讲道义？哪一方的将领有谋略？哪一方占有天时地利？哪一方遵守法规制度？哪一方储备充足、精良？哪一方的士兵素质更高？哪一方的赏罚更公正严明？只要有这些，我就知晓战争的成败了。将帅采用我的计谋，那么一定会取得胜利，如此我必定重用他；将帅若是不听我的建议，那么必将失败，这样的将帅我必将罢黜他。

解析

在古代，战争是国与国的竞争，考验的是国家各个方面的实力。可以说，每一场战争都是国家间综合实力的比拼，每一场战争的胜负都是多方面因素共同影响的结果。判断一个国家的军事实力，不能单单考察这个国家拥有多少军队，军事实力建立在这个国家的综合力量的基础之上，失去了其他力量的支持，军事力量也不可能产生和发展。

想要赢得战争，就要在战争过程中协调好军队上下各个环节，以及作为后盾的国家的各个部门的运作，进而消除影响战争胜利的各种不利因素，集结各种有利因素，充分运用国家的其他力量来为辅助军队赢得战争的胜利。因此，孙子告诫参战国的决策者和战争前线的军事将领，要对这些影响战争的因素做通盘的考虑和把控，最大程度实现战争资源的优化，以确保战争的胜利。

国家将大量人力物力投入到战争之中，只因战争关系到国家的存亡和利益，在巨大的资源消耗下，战争的结果对一个国家的影响尤为重大。战争的胜负从无绝对，孙子站在战略全局的高度，对如何赢得战争进行了详细地分析，提出了“五事七计”，将这些影响战争的因素当作是决定战争胜败的关键。

“五事七计”告诫战争的高层指挥者要有全局意识。具体来说，一个君王不能只是在后方干着急，要学会通过一系列有力的行动支援前线，做好一切后勤工作，让前线将领没有后顾之忧；前方的将帅除了要治军严明，指挥得当，也不能只看着自己的一亩三分地，要学会分析潜藏在战争背后的相关因素，既要确保后方的平安，也要及时向后方反馈军情，寻求必要的帮助，以确保战争的胜利。

另外，在战争过程中，战机往往转瞬即逝，没有准确有效的执行，再好的谋略也难以实现。因此，有好的谋略还必须要有执行力强的下级将领。对那些作风散漫拖拉，甚至有令不行的将领要坚决替换。

解读

底座越大，建筑越坚固。综合实力是一切的基础。

当今社会，专业性强的一字型人才成为主流，毕竟他们是人才中的大多数，而且能够基本满足所在工作的需要。而复合型人才却一直都是当今社会的稀缺资源，他们既能应对更多更复杂的工作，同时也具备更强的可塑性和更具发展潜力。所以，一个人想要提高自己的核心竞争力，最重要的就是有全面的自我教育意识。

孙子认为，通过一个国家的“五事七计”就能看出战争的结果，如果发掘其中的现实意义，我们也可以从一个人的“五事七计”中，看出此人会不会有作为。一个人是否具备良好的人际关系，是否具备坚强的意志，是否顺应当时的环境，是否有自制力，是否有威信……真正的成功者往往都具备这样的综合实力。

此外，复合型人才不仅仅是工作能力的全面性，更重要的是个人素质的综合性。人们常常讲：“无才无德的人是次品，有才无德的是危险品，德才兼备的才是真正的优质产品。”要想成为这个社会真正的精英人才，我们除了要有综合性的能力之外，个人素质的修炼同样不可缺少。一个品格高尚、易于相处的人，也更容易搞好人际关系，使身边的人产生信服心理，并得到更多的赏识和机会。当一个人要求自己全面发展，他接触的空间自然越大，施展能力的机会也会相应增多，毕竟，机会不是依直线而来，它常常在意想不到的地方出现。

所以，“五事七计”的现实意义，就是我们都要将自我生活、自我教育、自我提高纳入到战略性的长远目光中，不要以为“术业有专攻”就是成功，真正的成功就像一场漂亮的战役，最重要的不是战场上的表现，而是在战争前紧张忙碌、细致入微的准备。

全面的准备首先来自端正的态度，这关乎人的教养与品德，也关乎人对自己、对未来的看法。一个人总是想着加强自身的能力而忽略了对自身思想品质的培养，就会让自己的发展之路缺乏道德约束和正确的价值观的指引。这样的事业和人生就会如没有钢筋大梁的大厦一样，建得越高越危险，垮塌也将会是在旦夕之间。

凡成大事者，无不以厚德载物。优秀的道德品质能够深入一个人的骨髓，渗入一个人的血液，支配一个人的每根神经，让他们从一个个微笑和举手之劳做起，给周围的人带来温暖；也能用实际行动带来巨大的社会效应，成为一个时代的精神符号，为后世千秋树立道德的典范。

培养自己的意志力。任何一番事业都免不了挫折和失败，有时甚至让人一败涂地。不论是承受风险还是面临败境，都需要主事者有坚定的信念。唯有如此才能鼓励自己，并鼓励身边的人。否则，不但自己会陷入悲观绝望之中，不知该如何再次起步，同事、下属、朋友、家人也会被这种情绪影响，而周边环境的低迷又会反过来让自己更加看不到希望，恶性循环之下，一切事业都会成为泡影。

培养自己的判断力。抉择对谁都不是一件容易的事，个人抉择关系到人生或生活的某个方面，已经让人踌躇不定，而事业上的抉择有可能关乎一个团体、一个公司的胜败存亡，更是半点马虎不得。准确的判断力来自事前的观察和事后的积累。抉择之前要尽量综合比较，失败了也不要气馁，权当积累经验。只要能够汲取教训，举一反三，愣头青似的新人也能成长为职场胜者和生活强者。

尽可能与他人维持良好的关系。当今社会，人际关系是自我发展的难点和重点，很多人对复杂的人际关系望而却步，但和谐的人际关系会给一个人的前途带来无可估量的正面影响：在家庭，美满的亲子、夫妻关系能让心灵安定，充满温暖；在学校，良好的师生关系能让一个人的成绩更上一层楼，还能学到更多的人生见解，让自己少走弯路；在职场，平和的同事关系和互相欣赏的上司下属关系，都能让自己减少和他人的摩擦，得到更多发展机会。

此外，在有目的、有步骤地发展自己的综合实力的同时，还要注意身边的环境和合作的人，尽量避免环境和他人对自己的负面影响，将一切因素尽可能地放在自己的掌控之中，才能更顺利地实现目标。当一切井井有条，顺利发展，心中的自信就会随之增强，胜利也就成了一件可以预期的事。

始计篇（三）

原典

计利以听[①]，乃为之势，以佐其外[②]。势者，因[③]利而制权也。兵者，诡道[④]也。故能而示之不能，用而示之不用，近而示之远，远而示之近；利而诱之，乱而取之，实而备之，强而避之，怒而挠之，卑而骄[⑤]之，佚而劳[⑥]之，亲而离之。攻其无备，出其不意。此兵家之胜，不可先传也。

注释

①听：听从、采纳。

②外：战场上的临场指挥，与战前的运筹帷幄相照应。

③因：依据。制权：做出作战决策。

④诡道：诡诈之术，是兵家追求兵不厌诈的伐谋艺术。

⑤骄：使其骄傲。

⑥劳：使其疲劳。

译文

听从有利于我方的计谋，让气势大增，以此作为外在辅助条件。所谓气势，就是帮我方建立有利条件，并掌握主动权，根据不同的情况具体采取不同的措施。所谓兵不厌诈，其实作战即为一种诡诈的行为。所以，有实力的时候可以隐藏，在进攻之前可以装作不进攻，要在近处作战却装作要远攻，要远攻的时候则装作攻打近处。用利益去诱惑对方，使得对方出现失误，进而混乱，如此才能成功。若敌方实力强劲，就要时刻防备，避免正面交锋。如若敌方暴躁易怒，就可以用激将法让对方发怒，进而失去理智。若对手容易自卑，就要让对方骄傲起来。若敌方休整得好，就要想办法让对方劳累。敌方团结，就要挑拨离间。进攻要选择防备薄弱的环节，用出其不意地攻击扰乱对方。这些均为军家奥妙，是不能预先传达说明的。

解析

战争态势是一场战争的胜负形态，它为一场战争的走势奠定了基调。因此，孙子在兵法中提到，要想赢得一场战争，首先就得创造一个良好的战争态势。

好的战争态势建立在事先进行战争利弊得失的权衡，以及具体作战方针的谋划上。换言之，既需要主战者运筹帷幄，胸有成竹，又需要在战争过程中见机行事，相时而动。即使战争态势对己方不利，也应该利用一切机会，变被动为主动，创造于己方有利的态势。所谓兵不厌诈，战争的胜败需要计谋配合。想用尽可能小的消耗赢得一场战争，就需在战争中向敌人掩盖自己的意图，以达到出其不意攻其不备的效果。然后在敌人毫无防备的情况下突然进攻，实现战力的最大化。

也有人说，战争也是一门艺术，这门艺术在于战争过程中体现出的将领之间的攻守互动：在有利的条件下，将领们如何调兵遣将，高效运用资源，有效取得成果；在不利的条件下，将领们如何迷惑敌人，瞒天过海，或背水一战，以少胜多。这都需要将领能随时根据战场形势的变化来确定自己的作战方式。

而这门艺术中最激动人心的，是将领一手创造出来的态势。这种态势的创造又是一门高技术含量的活动。它需要“计”的配合，计，可以说是势的进一步延伸。运气好的将领能够“顺势而为”，而造势一般是在不利态势之下而采取的行动，通过自身的力量来制造权变。可以说，任何一个优秀的将领，不管在己方处于优势还是劣势的情况下，都会利用一切机会制造有利于自己的军事态势，化不利为有利，积小利为大利。所以孙子认为，造势比顺势更重要。顺势只是一种因势利导的能动行为，而造势则需要用一种创造性的思维来对战争形势进行改变，需要更大的勇气、智慧和谋略。

解读

弱者抱怨环境，强者适应环境，智者创造环境，进而在竞争中立于不败之地。

竞争是人类不断向前发展的重要动力，人类通过竞争淘汰弱者，保持和提高自身的生存优势。正是因为整个世界无时无刻不处在竞争之中，这个世界才会多姿多彩，不断进步。如何为自己创造更好的环境，是每个人在竞争中面临的挑战。

竞争既是强者打压弱者的游戏，也是弱者挑战强者的奋力一搏。毫无疑问，强者往往会占据着利势，只要顺势而为，就可以凭借优势成功压制弱者。而弱者在挑战强者之初往往会面临不利的局面。但弱者不必因此气馁，因为左右战争胜负的因素多种多样，实力上的不济并不意味着绝对的失败。擅用环境，擅用计谋，都可以为自己寻来反败为胜的机会。当然，这要求我们懂得寻找有利条件，需要去造势，以便在能力不足的情况下、在利势的帮助下获得一个发展的空间和挑战强者的良好平台。一个人要想有所成就，就必须要有那种“我命由我不由天”的豪情壮志，用实际行动为自己创造一个良好的发展形势。

造势有着巨大的现实意义。例如，在市场竞争中，企业要赢得胜利，首先就需要造势。造势能够为企业的产品参与市场竞争提供一个好的平台。只有在大环境下找到一个发展的势，并找准自身优势，因势而谋，借势而起，才能在众多的竞争对手中脱颖而出，实现那些难以企及的目标。

竞争过程中少不了迷惑对手的计策，这些策略正是利用了对方决策者的个人主观弱点和企业客观缺陷，通过各种虚假性动作，成功将自己的意图掩盖起来，让竞争对手对自己的信息判断出现偏差和缺失，导致竞争决策上的失误。这种迷惑并不是虚伪卑鄙的勾当，而是在用兵作战中克敌制胜的指挥艺术，这也正符合了孙子上兵伐谋的战争追求。在当今商业社会的激烈竞争中，迷惑艺术也只是一种非常规的行业操作手法，并不是违法乱纪和道德败坏。这种竞争中的“诡道”，是赢得胜利的一种谋略，更是一种在顺境中顺势、逆境中造势的重要手段。

商业竞争中的造势行为，可以说是一种高智慧的商业谋略，其目的是试图以较小的投入而获得较大的利益。

同样，个人在面临竞争时，也同样需要造势与诡道。在激烈的竞争中，你若不能严密提防对手，并让对手迷惑，就会给对手以可乘之机。这项政策的运用原则就是以少胜多、以弱胜强。需要注意的是，造势的核心应该是“巧”和“妙”，也就是掌握好时机和火候。如果操作不到位，可能达不到预期的效果；如果过了头，则有可能产生负面效应。

始计篇（四）

原典

孙子曰：夫未战而庙算①胜者，得算多也；未战而庙算不胜者，得算少也。多算胜，少算不胜，而况于无算乎！吾以此观之，胜负见矣。

注释

①庙算：古代出兵前举行的一种仪式。包括占卜判断吉凶、分析战争的利弊得失、运筹作战方略、预判战争胜负等等，一般在祭庙中举行，故称之为庙算。

译文

孙子说：在交战之前，从庙算中预知胜利，是因为分析出的有利条件比较多；在交战前的庙算中，如果结论是我方失败，那么则是因为分析出的有利条件少。显而易见，有利条件多则能取胜，有利条件少则无法取胜，而那些没有分析有利条件的自然不用说了。我根据这些条件分析，胜负就显而易见了。

解析

战争之前的推演很重要，它能预测战争的得失。推演的结果可以让决策者明白战争的筹划是否周密，战争是否有足够的获胜条件，甚至这场战争是否有意义等等。正如人们常说的“凡事预则立不预则废”，战争是关乎国家命运的大事，任何周全的准备和谋划都不为过。

因此，孙子在兵书中要求决策者在战前要进行充分的预估和研讨，以便对战争的形势做一个大致的预判。在分析的过程中，对战前的准备工作进行最后的检阅，以使国家能为战争做好最充分的准备。这种战前的预备工作正体现了孙子追求的“慎战”思想。

要最大限度地保证胜利，战前的推演非常重要，这就是为什么在很早以前，军队就会进行实战演习，或者沙盘推演。通过这种战前的分析预判，能让军队对自己的实力有充分的认识，对可能出现的状况做好思想准备，以便在各个环节做到最好。

战前推演也是出于保险意识。战争会带来巨大伤亡和消耗，每一场战争来不得半点疏忽。战前的推演能让军事指挥者提前熟悉战场环境，避免用士兵的生命做战场实验的牺牲品。如果战前就预测战争会输，则需要检讨战争的筹备工作是不是做得不周全。如果失败的原因是实力不济，在战前预测到此战必败的情况下，避战同样是一种明智的选择。

推演结果，是战争谋略的最后一步，也是决定战争是否要进行、如何进行的关键。如果战前没有充分的预估，只是每战必打，埋头硬拼，所有的结果都从战争中来，所有的经验教训都从失败中获得，就会葬送很多无辜的生命，甚至将国家置于亡国的危险之中。所以，这个环节不可轻忽，它至关重要。

解读

每一个决定，都需要谨慎的评估，未雨绸缪好过亡羊补牢。

每个人都想立于不败之地，都想天时地利人和，顺风顺水顺手，这种结果不是一时意气或硬拼硬干就能得到的。一个人做事没有计划性，没有长远的眼光，往往会在过程中遇到许多不必要的麻烦，即使结果是好的，也往往“杀敌一千自损八百”，所以，越来越多的人注意到计划的重要，注重评估及其结果。

例如，在企业中，每个决策的执行，每个项目的上马，必须做好充分的评估，不能脑袋一热就拍板定案。任何一项重大决策的制定，都要经过反复的论证，研判决定可能给企业带来的运作风险和运作稳定的问题，都应该是论证的重要内容之一。要将新的决策在原有管理模式的基础上，系统地进行对比总结，按照风险等级梳理风险点，并提出控制风险的对策。只有这样，才能确保出台的管理决策能给企业的发展带来帮助。

具体地说，一个地方出台新的行政法规或者管理措施，首先都会举办听证会，让一些受众对这些新的措施进行评价，之后还要进行小范围内的试运行。在试运行的过程中要对措施的效果进行全面的观察和评估，并积极进行调整。只有在全部验收合格之后，才能大范围实施。这些都是每一项新的决策措施出台前必备的程序，只有这样才能确保管理决策不出现重大错误。没有预测和评估的决策，可能带来灾难性的后果。

落实到个人生活中，每一个有目的的行为同样需要预测结果，这也就是人们常常强调的“远见”。我们在做决策时不能仅仅依靠自己的感觉、自己的爱好和他人的建议，或者前人的成功经验。要知道每一份成功都是个例，每个人也只能摸索属于自己的成功之道。我们需要做好以下工作：

克服对外界新环境变化带来的认识上的不足，进行大量的调查、分析。

新决策没有完全验证成熟之前，做好对这些新制度的掌控和看护措施，不能任由其自由发展。

要尽可能多地听取他人的建议，特别是那些经验丰富的智者的建议，这种建议往往能使你避免走弯路。

时刻保持清醒的头脑，不能盲目乐观。如果不能确定一个新决策的积极影响，就要秉着有所为有所不为的态度，慎重行事。如果随意地拍拍脑袋就决策，到头来很可能会落得个拍拍屁股落荒而逃的结果。

懂得放弃。最终评估结果表明你的胜算太少，如果还有其他选择，就不要孤注一掷，要相信成功的道路有千百条，你只是还没有找到最合适的那条。

第二篇　作战篇

作战篇（一）

原典

孙子曰：凡用兵之法，驰车①千驷②，革车③千乘，带甲④十万，千里馈⑤粮，则内外⑥之费，宾客⑦之用，胶漆⑧之材，车甲⑨之奉，日费千金，然后十万之师举矣。

注释

①驰车：快速轻便的战车。

②驷：原意为一车套四马，这里作为量词，千驷即千辆的意思。

③革车：用皮革缝制的篷车，主要用于运载粮秣、军械等军需物资。

④带甲：穿戴盔甲的士兵，这里泛指军队。

⑤馈：馈送之意，可以理解为运输。

⑥内外：内指后方，外指前线，也就是出征军队所在之地。

⑦宾客：这里意味结交宾客。

⑧胶漆：两种极具黏性的物品，是修理弓矢必备的材料。这里比喻军用器械的材料。

⑨车甲：车辆和盔甲，这里指武器保养。

译文

孙子说：兴兵作战的一般原则是，要有足够的物资装备，动用千辆轻车，千辆重车，千辆运粮车，还要派出十万全副武装的士兵，用以向千里之外送粮，如此前线与后方的军费，招待使节国宾的费用，保养、修缮军备的费用，每天需要准备千两金银。一切就绪后，十万大军才能出征。

解析

经济基础决定上层建筑。战争既是双方将领斗智、双方士兵斗勇的过程，更是两支军队比拼人员装备，甚至军队背后的国家比拼经济实力的过程。

巧妇难为无米之炊，任何战争的胜负都需要建立在一定的物质基础之上。军队的武器装备、粮草既能在实际上增强军队战斗力，又能从心理上增强军队士气。正所谓："手中有粮，心中不慌。"如果连饭都吃不饱，士兵怎么会有力气和心思去打仗呢。

另外，先进、耐用、好操作的武器也是决定战争胜负的重要因素。秦国之所以能灭六国建立秦王朝，其中一个重要原因就是秦国拥有当时最先进的军事装备。随着时代的不断发展，士兵的体力和格斗能力的作用逐步下降，而对武器操作能力却越来越成为影响战争的重要因素。尤其在当今世界，士兵在身处超视距的作战环境下更是如此。所以说，战前研发和装备充足的先进武器同样是赢得战争不可或缺的条件。

由此可以看出，在战争中，后勤的作用是不言而喻的。良将从不打无准备之仗，任何一场战争表面上都是双方军事实力的较量，而军事实力所依赖的其实就是后勤的补给能力，或者说是一个国家的综合国力，任何将帅或者国君都不应忽视这些辅助条件的重要性。

历史上，朱元璋攻占徽州后，向老儒朱升请教夺取天下的计策，朱升说了一句话："高筑墙，广积粮，缓称王。"而朱元璋则依据这样策略，在争夺天下之前积累了充足的物资，为后来的长期作战做好了准备，最终打败了各路竞争对手，建立大明王朝。

物质决定意识，主观服从客观的现实哲理，任何人都不能违反的。也正是基于这样的考量，孙子才得出了一个结论：充足的物资保障是发动一场战争的必要条件，只有物资齐备的时候，才可以举师征发。

解读

精神决定方向，物质决定结果。世界是由物质组成的，没有物质作为基础，这个世界将不复存在。因此，人类的任何发展都应该遵循这条规律。正如中国杂交水稻之父袁隆平在一次获奖感言中讲的那样："人生活在这个地球上，不能不吃饭。不管是拳王还是世界冠军，让他三天不吃饭，英雄也会变成狗熊。"这样的话看似平淡朴实，但却蕴含了深刻的人生哲理。一个人生活在这个社会上，应该有更高的追求，但是首先得解决自己的吃饭问题。如果连肚子都填不饱，那么其他的想法也会沦为空谈。大到一个国家，也要明白"民以食为天"，首先从解决民生问题着手，才能为今后的发展奠定最坚实的基础。

而物质条件是一个非常宽泛的概念，就如同打仗不但需要武器和粮草，还需要注意内外之费，宾客之用等损耗。支撑我们的物质条件，也不是只有衣食住行，还要包括稳定的教育资金，充足的人际应酬资金，必要的投资资金，物质上没有后顾之忧，才能让我们心无旁骛，全力冲刺。物质上倘若出现匮缺，就会分散我们的注意力，甚至不得不更改计划，导致大局的失控。

所以，在我们提高自己的综合能力，不断制定未来计划，总结过去经验的同时，始终要注意“后勤问题”。人生是一次次的战役，我们要保证“大军未动粮草先行”，尽可能为自己争取相对优越的后勤条件。后勤补给与战争的关系其实也可以看作后盾与前沿的关系。根深才能叶茂，后勤准备既要有物质上的，也有思想上的。当然，不断充实和提高自身的能力也至关重要，这样才能让自己既有一击制敌的爆发力，又有足够的耐力和后续力来进行持久作战的能力。战争可以通过消耗来瓦解对手，人生中同样也可以通过相持来过滤掉一些竞争对手。

继续拓展“后勤”的概念，我们需要意识到，在人的一生中，如果说物资积累是内部力量积蓄的话，那对外关系同样至关重要。一个人可以有很好的能力，但是只有他将这些能力毫无保留地展现出来的时候，才能真正体现其价值，这个人才能从众人之中脱颖而出。而这种展现需要一个良好的平台，这个平台需要的是机遇，是金钱，是人际关系的拓展。而这些东西后面，都是物质，或是自己创造的物质条件，或是与人交换的利益资本。这需要我们眼观四面，随时积累有利情报，才能渐渐搭起自己的舞台。

总之，要想让军队打胜仗，后勤是维系将士士气的保证。但光有物质是不够的，坚实的物质基础必须与高强的精神力相结合，才能使物质发挥作用，成就自己的目标。所以，定下目标后就不要迷失，而要围绕这个目标安排自己的生活，尽量扩大物质基础，可以使你任凭风吹浪打，胜似闲庭信步。

作战篇（二）

原典

其用战也胜，久则钝兵挫锐，攻城则力屈，久暴师①则国用不足。夫钝兵挫锐，屈力殚货②，则诸侯乘其弊③而起，虽有智者，不能善其后矣。故兵闻拙速④，未睹巧之久也。夫兵久而国利者，未之有也。故不尽知用兵之害者，则不能尽知用兵之利也。

注释

①暴师：暴，通“曝”。暴师，指在外作战的军队。

②屈力殚货：军力损耗殆尽，物资枯竭。

③弊：指屈力殚货这种不利状况。

④拙速：拙，不高明。拙速，是指没有高明的办法实现速胜。

译文

在作战时要速战速决，陷入持久战会消损军队的气力，导致疲惫，进而挫杀军队锐气，如此在攻城的紧要关头必将消耗兵力，长久如此就会致使国力受到牵连，其他诸侯国会趁机谋乱。到了那时，再足智多谋的策士也无法善后，国家就要面临危亡关头了。因此，作战中只听说过缺少高招而速战速决的，确没有听说过用高明的作战方式打持久战的。打持久战有利于国家的事情，闻所未闻。因此，了解不到用兵不善带来恶果的人，就不能掌握用兵的益处。

解析

战争既是一种物资的消耗战，又是双方战争意志力的比拼。两国交战，一旦陷入旷日持久的战争，就会给国家带来巨大的物资消耗，也会对士兵的胜利决心形成巨大的考验，正所谓“一鼓作气，再而衰，三而竭”。军事将领们都希望趁着士气如虹，实现速战速决。战况的胶着，可能造成军队的士气受挫，而后方也会因为不断供给战场需要，承担巨大的财政压力。同时军队在外长期征战也会让国家处于危险之中，容易被其他国家乘虚而入。

正如人们在日常生活中讲的那样：“赚钱不如省钱。”与其通过战争从敌方那里获得物资和百姓，还不如在战争的过程中减少物资的损耗和士兵的伤亡。如果因为过度损耗而入不敷出，那么战争从现实意义的角度来看就没有意义和价值了。

战争是交战国之间综合能力的较量，战争的损耗对一个国家的损耗是多方面的。因此，将领用兵要站在国家全局的角度考虑，要有战略眼光和大局意识，使战争真正成为国家发展强大的行动支撑，而不是将自己的国家拖入战争的泥沼中，以举国之力追求军事上的成就。如果不能意识到旷日持久的战争对国家各方面消耗的危害，那么即使获得了胜利也会给国家带来巨大的损失。

所以说，孙子告诫用兵的将领要深刻理解战争对国家的意义和作用，不要把战争当成一场只有胜负的游戏，为了胜利不顾一切。如果国家人口被越打越少，国家被越打越穷，哪怕你是常胜将军，都没有任何意义。这一思想，也体现了孙子对战争实质意义的深刻理解。

解读

好斗不如守拙，避免消耗就是增加实力。

人们无时无刻不在渴望成功，但现实是，成功只是人群中的少数人，大部分的人都因为各种原因被挡在成功大门之外。成功的艰难就在于，获得它们都将付出代价，这些代价有时高昂得让人望而却步。正因为如此，我们必须要在成功的道路上勤奋刻苦，以便有足够多的资本来应付成功带来的损耗。更重要的是，我们应该学会控制成功的成本，让自己在成功的道路上走得一身轻松。

我们要从现实的角度来理解相互竞争的价值所在。我们和对手之所以展开竞争，是因为存在利益上的纠葛，竞争的目的就是从对手那里赢得利益。竞争本身是艰难的，劳心伤神还要损耗财力，所以，如果竞争带来的利益还无法弥补因此而受到的损失，那么竞争也就失去了意义。因此，当我们决定与人竞争之时，必须要以现实利益最大化为原则。切忌为了赢得形式上的胜利而忽略了竞争的初衷，不能忘记对现实利益的追求。如果放弃了这一原则，就会让竞争偏离正常的轨道，除了双方交恶外，最后只剩一地鸡毛。

任何竞争的本质都一样，不管是国家之间还是团体之间或是个人之间，竞争的本质是逐利，是要使自己获得更多的发展资源，所以，应该将利弊得失作为行动价值的参考依据。眼中不能只是看着成果，也要看到为此付出的代价，思考这样的代价值不值得。只有建立在价值合理基础上的行为，才能产生价值，才能带来更多的价值，否则就是无用功。

在具体的生活中，要时刻有“避免浪费”的思想，不管是哪一种性质的竞争，对资源的消耗几乎都难以避免。通过形式上的胜利，快速实现竞争目的，成为人类在竞争中追求的目标。就像中国人在比武中常常提到的“点到为止”，既能不伤了双方的身体和感情，又能实现判断双方武功高低的目的。这既是一种崇高的武德修养，也是一种现实主义价值观的体现。这也正符合了孙子追求的用最小的消耗，通过形式上的胜负来获得实质战争利益作战原则。

人生总会面临着各种各样的选择，这在经济学中被称为“机会成本”。“机会成本”的通俗解释就是选择一项行为也就意味着放弃另外一种，这同样需要我们有评估思想和止损思想，在每一个选择之中获得一种微妙而可行的平衡。想要达到这种平衡，一个非常重要的遵循准则就是降低损耗以期达到目的最大化，就是明确自己行为目的会带来什么样的好处和坏处。

人们有时会依着长久的惯性做一件事。例如，有时候恋爱双方明知道对方不合适，今后没可能，却因为长久以来的付出，难以接受失败的结局，结果就是两个人更加怨怼，却还不肯分手。明明知道会两败俱伤，还继续“恋战”，是极其不理智的行为。所以，我们不但要学会分析情况，做出理智判断，更要学会果断利落，及时终止损耗行为，保持自己的实力。

作战篇（三）

原典

孙子曰：善用兵者，役不再籍[①]，粮不三载[②]；取用于国，因粮于敌[③]，故军食可足也。国之贫于师者远输，远输则百姓贫。近师者贵卖[④]，贵卖则百姓财竭，财竭则急于丘役[⑤]。力屈，财殚，中原内虚于家。百姓之费，十去其七；公家之费，破军罢[⑥]马，甲胄矢弩，戟盾蔽橹，丘牛大车[⑦]，十去其六。故智将务食于敌。食敌一钟，当吾二十钟；萁杆一石，当吾二十石。故杀敌者，怒也；取敌之利者，货也。故车战得车十乘已上，赏其先得者，而更其旌旗，车杂而乘之，卒善而养之，是谓胜敌而益强。

注释

①再籍：再，第二次，虚数，指多次。籍，名册，这里指通过名册征兵。

②三载：多次运送。三，虚数同样指多次，载，装载，这里指运送。

③因粮于敌：从敌人那里获得粮草物资。因，获得。

④贵卖：物价上涨，货品以高价售出。

⑤丘役：以丘为单位进行的兵员募集和物资调用。丘，是古代一种行政单位。

⑥罢：音和意都同“疲”。

⑦丘牛大车：从丘役中征调的牛拉大车。

译文

孙子说：善于用兵的将领，不会第二次征兵，也不用几次三番地运送军需，武器装备须国内供应，而粮饷则要设法从敌国夺取，如此战争所用的物资就能得到保证了。国家之所以会因为战争而陷入贫困，是因为军队远征要进行长途运输，长途运输必定劳民伤财，致使百姓贫困。在驻军附近的地方物价必定上涨，物价上涨致使百姓的财物枯竭，如此便会加重百姓的赋税和劳役。如果百姓的财富损耗十分之七，那么国家的财产便会因为车辆破损，战马疲劳，盔甲、弓箭、矛戟、盾牌、牛车而损失十分之六。因此，明智的将帅必定会从敌国夺取军需粮草，吃敌国的一钟粮食，等于免去国内提供二十钟粮食；获敌国一石草料，就等同于免去国内运送的二十石。所以，想让兵士拼死杀敌，就要激发军队士气，以此激励他们。要想让兵士成功争取敌方物资，就要用抢夺的物资作奖励。在车战当中，能够抢夺十辆战车以上的士兵，就要奖励最先达到要求的士兵。夺得敌方战车后，要换上我方的战旗，将抢夺的战车编入我方战队。战俘应善加对待，让他们归顺我方。这就是战胜敌人同时壮大自己的方法。

解析

战争是人类的一种逐利行为，但同时，战争又是一种高风险的活动。高风险就在于它的高消耗，这也给后勤补给带来了巨大的困难。军无粮草不行，没有充足的后勤补给就无法取得战争的胜利。在人类历史上，很多战争就是因为缺乏足够的后勤保障而失败。

所以孙子在兵法中倡导将领要学会以战养战，既要把军队训练成善战的军队，还要成为一支善于利用资源的军队。这样一方面能减轻国家的负担，另一方面也能降低军队对后勤补给的依赖，增强军队的适应能力和作战力。要吸收地方的一切力量来补充和强大自己，懂得借力，就能让军队越战越强。孙子这种以战养战的军事思想，成为后世兵家的经典军事指导思想。在一定程度上减轻了军事对经济的依赖，为一些没有雄厚经济基础的国家进行大规模、远距离和长期性的战争提供了可能性。

解读

想要在竞争中占据优势，就要把别人的力量变成自己的力量。一个人在任何领域的成功，除了自身的努力之外，学会借助外力来发展自己，同样是一条重要的途径。

任何力量都经历过由弱到强的发展过程，这种过程的发展正是自身发展和借助外力的过程。在这个发展过程中，如何借助他人的力量，就成了我们必须面对的问题。这个问题解决得好，一个人就可以拥有十人、百人、千人的智慧和力量；解决得不好，就只能孤军奋战，不断被那些善于利用资源的人所超越。

借力是必要的，也有立竿见影的良好效果。例如，在企业管理中，运用集体智慧显得尤为重要。集体智慧能为管理者提供科学的理论、策略和方法。所以我们经常可以看到，有些企业家并不是聪明绝顶之辈，他们之所以能够获得成功，就是能发掘周围的优秀人才，将这些人才团结在自己的周围，群策群力，为自己的决策服务。

同时，一个聪明的企业管理者也能够从各类专家和同行那里学习和借鉴，靠着他们的经验来提高自身的管理水平。他们甚至会从对手那里汲取有益的经验，以稳固自身的实力。真正的智慧不仅仅来自于自身，而应来自四面八方。

人有理想，所以几乎每天都要应对各种挑战。很多时候，单纯依靠自身的力量无法实现理想。这时，成功与否就取决于借助外力的能量。个人的能力有限，而能够借助的外部力量却是无限的。如果能成功借到外力为我们所用，我们就能成就常人难以想象的成功。

这种对外力的需求，有时候和本人能力的大小没有多大关系。不管自身有多强大，都无法避免遇到自身能力难以解决的挑战。更何况当一个人的能力强大了之后，他又会向更高层次的目标迈进，依然会遇到凭个人力量无法解决的困难。想赢得挑战，就不能忽视外力的作用，不能不借助外部力量的帮助。一个国家忽视借力，会造成闭关锁国，止步不前；一个企业忽视借力，会缺乏创新意识，被残酷的市场淘汰；一个人整天都抱着万事不求人的态度，做着能力范围内的事情，会注定平庸。

很多人认为个人主义有一种睥睨一切的浪漫感，但当分工与合作正成为一种职业化的团队意识而逐渐深入人心的时候，盲目地推崇和信仰个人主义所能得到的优势将会越来越小。一个人哪怕是绝世天才，他也不可能对事事都精通，依然会有自己无法完成的事情，但是只要善于借助他人的力量，就能完成个人无法完成的事情，而这样的人，往往就在你的身边，这些人包括：

有经验和资源的师长前辈。他们都可能成为帮助你的“贵人”，他们有丰富的经验，能够教导你如何少走弯路；更有珍贵的人脉关系，能够让你省去求索的力气，直奔主题，避免在“初级阶段”大耗精力。

身边的朋友。他们未必比你更有能力，但他们对你有深入的了解，知道你的缺点和弱点，能够及时提醒你计划中的盲点，帮你查缺补漏。

事业伙伴。他们和你有共同的目标，他们可能是你的上司下属，也可能跟你平级，你们之间也可能存在竞争关系。但是，在共同的目标下，他们愿意倾力帮助你，以达到良好的最终效果。

人际圈的友人。他们来自各行各业，与他们保持联系，既能了解当今社会的种种潮流，也可以在需要的时候借用他们的关系和知识。

竞争对手。从竞争对手身上学习优点，获取情报，积累经验，丰富知识，是最难也是最有效的竞争手段，一旦你把对手摸透，让他的优点也成为你的优点，就能够在竞争中抢先一步，处于不败之地。

在现代社会，孙子的“因粮于敌”的作战原则已经上升为“四面借力”，这种同时追求竞争的结果和自身实力发展的思维方式，是一种个人的“双赢”，值得每一个人思考与实践。

作战篇（四）

原典

孙子曰：故兵贵胜，不贵久。故知兵之将，生民之司命①，国家安危之主也。

注释

①司命：星宿名，主管人间生死，这里指将领掌握百姓生死。

译文

孙子说：用兵作战贵在速战速决，而不是持久战。因此深谙用兵之道的将帅，才是掌握军民生死大权的人，才是国家安危的主宰者。

解析

战争是一种严重依赖时间的活动。不管是战前的准备，还是作战的过程都需要消耗时间。战争中讲究唯快不破，谁更能减少对时间的依赖，就能把握战争的主动。而在战争的过程中，时间的消耗也会伴随着国家资源的消耗。所以，讲究效率，不仅是赢得战争的重要砝码，也是减少士兵伤亡和国家资源消耗的重要方式。因此，孙子在兵法中告诫将领要讲究作战效率，快速地结束战争，只有这样才算是真正理解了战争的本质。

在作战过程中，一个将领不仅要考虑战争的胜负，更要懂得如何主动果断地去终止和结束一场战争。战争不是游戏，过程是次要的，结果才是最重要的。在能够达成战争目的的情况下，如何更快地结束战争，更能体现一个将领是否懂得用兵。

对每一个军事将领来说，他对这个国家和人民的最大贡献，是用什么样的方式来进行战争和终止战争。因为从现实的角度来看，将领在战场上的效率将意味着士兵更少的伤亡和国家更少的消耗。在战场上，效率就是在赢得胜利的同时，又能尽量减少伤害的保证。那又是什么催生了效率呢？责任！所以说，一个在战场上讲究效率的将领一定是一个对国家和百姓的福祉、对士兵的生命高度负责的人。这样的将领才是国家之福、百姓之福。

解读

时间就是效率，效率就是生命。“贵胜不贵久”，就是孙子提出的效率思想。

在现实生活中，一个讲究效率的人将能够更好地在激烈的竞争中抢占先机，把握机会，获得成功。人类在改造世界的同时，也在不断改造自己。其中，用什么样的工作方式来改变社会就是其中的重要内容。可以说，整个人类的发展进步都是建立在如何提高工作效率的基础上的。人类历史上每一次工作效率的大提升，都会伴随着社会生产力的巨大发展和世界文明的巨大进步。这就是为什么人类在任何活动中都讲究效率的原因。说得客观一点，人类的生命是有限的，而等着人类去完成的任务是无限的，要想在有限的生命周期内去完成更多的工作，除了提高效率之外别无他途。

效率，决定了一个人的成就高度，讲究效率的人能完成别人完不成的事，也能在既定时间内完成更多的事。鲁迅先生说：“如果说我的成就多一点，那是因为我把别人喝咖啡的时间用在写作上了。”乍一看鲁迅的高产建立在大量的时间基础上，但是如果我们站在一生的角度来看，这依然是一种高效率。

当然，效率并不是简单的速度，它必须要在有效的基础上提高速度。因此，把事情做好做对是基础，脱离基础谈效率，不过是盲目追求速度，很可能生产出一堆废品。先有“效”，才能追求“率”，因此我们必须要从有效的基础做起，才能让工作进行的过程中少走错路、走弯路，工作中的效率往往来源于此。

提高效率的另外一个来源就是夯实基础，只有在扎实的基础上，我们才能产生更多的变化和思路。也就是人们常说的“熟能生巧”，这个巧既是能力的一种提升，同时也可以看作是效率的提高。最直观的例子是在企业中，追求效率是每个管理者的目标，效率就是金钱。这就是为什么当今企业生产都实行标准化作业的原因。

而我们的现实生活比以效益为目的的企业更加复杂，我们不但需要承担谋生的压力，还会陷入财务、人际、健康、心理等等方面的困境，如何有效率地生活，尽量避免负面因素的影响，保证自己的平常心与斗志，是现代人遭遇的难题。

这个时候依然要应用“兵贵神速”的效率思想。拖延症最要不得，这是很多人身上的顽疾，空耗时间和精力，使本来可以迅速完成的事情变得旷日持久，直接影响到人的心情，甚至使一件大有希望的事变得遥遥无期无法实现。所以，必须为自己制定时间计划，强迫自己按时完成，这是走向效率化的第一步。

效率还意味着专心致志。当一个人集中精力做某件事的时候，往往能激发潜能，超常发挥，更因为少了枝节的影响，避免分散精力，进而更快地完成任务。不论做什么事，只要你愿意集中精力，尽快完成，总能节省大量时间，并在思维的高速运转和马不停蹄的忙碌中，积累更多的经验。

时间有限，生命有限，提高效率，不但可以让自己的事业大有起色，以同样的时间做出更多的成就，更会让自己的生活删繁就简，有更多时间享受生命，而不是陷入无休无止的烦恼泥沼之中无法自拔。

第三篇　谋攻篇

谋攻篇（一）

原典

孙子曰：凡用兵之法，全国[①]为上，破国次之；全军为上，破军次之；全旅为上，破旅次之；全卒[②]为上，破卒次之；全伍为上，破伍次之。是故百战百胜，非善之善也；不战而屈人之兵，善之善者也。故上兵伐谋，其次伐交，其次伐兵，其下攻城。攻城之法为不得已。修橹轒辒[③]，具器械，三月而后成，距闉，又三月而后已。将不胜其忿而蚁附[④]之，杀士三分之一而城不拔者，此攻之灾也。故善用兵者，屈人之兵而非战也，拔人之城而非攻也，毁人之国而非久也，必以全争于天下，故兵不顿而利可全，此谋攻之法也。

注释

①全国：指在保全敌方国家的情况下赢得胜利，实现举国归降。

②卒：和军、旅一样都是古代一种军队建制，每一卒为五百人。

③轒辒：古代战车。

④蚁附：像蚂蚁上树那样登云梯攻城。

译文

孙子说：但凡领兵打仗，最高明的方法是让敌国上下臣服，用武力迫使对方屈服属于次等；让敌军投降臣服位居一等，武力降伏次之；让敌军的每个兵将都甘愿臣服位居一等，武力压迫次之；让敌军全军甘愿投降臣服位居一等，武力击破次之。所以，百战百胜并非善于用兵者当中最优秀的；能够不战而胜，让敌人臣服才是好的。用兵最高明的方法是用计谋让对方臣服，其次是通过外交手段获胜，再次是动用武力降伏敌人，攻城是下策。攻城是迫不得已而为之。攻城需要修建侦察所用的高台以及掩护所用的四轮车等工具，准备这些需要三个月；堆砌攻城所需的土山又需要三个月才行。如果将帅因焦躁、愤怒等情绪，像驱赶蚂蚁一般驱使士兵爬墙攻城，而损失三分之一的兵力仍旧没能攻破城池，那就是攻城带来的危害。因此，善于用兵打仗的人，会用不战而胜的方法让敌人屈服，夺取对方城池不靠硬攻，灭敌国不用持久战，必定会用全胜的谋略获得天下，这样我军可以取得胜利，而不会让国力低下、军队受挫。这就是所谓谋略进攻的方法。

解析

战争的目的就是为政治和经济利益服务的。可以说，每一场战争的背后都是政治和经济利益的争夺。因此，无论是君主还是将帅，有明确的战争目的至关重要。既定目的的实现是战争取得成功的标志，而好的战争方式可以在达到既定目的的情况下，又不损害本国的声誉和资源，这就是谋略思想最直观的体现。

所以，战争的目的只有一个，而战争的方式却可以多种多样。比起攻城略地，尽量减少消耗的谋略才是将领们的思考重点。毕竟，不管一个将帅有多么高超的指挥艺术，都不能避免伤亡，而当交战两国实力不相上下，便会陷入惨烈的持久战中，不论胜败，都得不偿失。长此以往，就会不断削弱一个国家的实力，最终导致这个国家的衰落甚至灭亡。

因此，孙子把不战而屈人之兵当作赢得一场战争的最高境界，也是战略战术的上上之策。一个只懂得冲锋陷阵的将帅算不得一个好将才，一个只会干戈相向的君主既成不了仁君，也算不上明君。作为兵家之圣，孙子对这一战争目标的追求并不是完全出于人道主义的考量，更多的是从战争本身的现实和实用的角度出发的。用谋略摧毁敌人的战争意志，用外交手段分化敌人的同盟，将敌人孤立，都是实现不战而屈人之兵的重要手段。也就是说，打仗不但要打赢，还要赢得漂亮。如何让对手看到你必胜的实力，以威加于敌而不直接交战的方式实现全胜，也是现实生活中每个人安身立命走向成功的重要手段。

解读

每个人都在生活中为了各自利益打拼。正因如此，我们与身边的人既有利益交集，也会出现利益冲突。天下熙熙皆为利来，天下攘攘皆为利往，每个人都有权追求自身利益。面对利益纠葛，不要以自我为中心去否认别人追求利益的正当性。自己的利益应该全力争取，但是也不要以损害别人的利益甚至伤害对方为前提。原因很简单，因为我们处在一个社会大分工的体系之下，每一个人都只是其中的一个环节，不可能超脱于这个体系。而我们的大多数利益都是在和周围人的共同努力下获得的，也就是说，很多时候我们需要别人的协助和帮助。

我国著名的文学家苏洵在他的代表作《六国论》中提到，六国竞相割地贿赂秦国以求自保，最终导致相继被灭国，让秦国一统中原。从六国的角度来看这是一个深刻的教训，但站在秦国的角度来看，这何尝不是一种宝贵的经验?秦国虽然强大，比起六国的总体实力还是逊色很多。秦国在积聚力量的时期，很多时候并不大举兴兵，而是用伐谋战和外交战，以此来实现不战而屈人之兵，并逐步扩大自己的势力范围。这种方式不但无损国力，还因为“形式温和”而没有引发六国足够的危机意识，并巧妙离间分化六国，让各国难以结成团结的军事联盟，最终实现各个击破。试想，如果秦国每一次扩张都和六国开战，那么就算秦国的国力再强，将帅的指挥水平再高，一再消耗之下最终也会变成强弩之末，甚至还会因此兵败国灭。

从现实来讲，我们选择了目标，必然面临与他人的竞争，我们的敌手大多有强大实力，竞争就意味着损耗，胜负也不能确知。而过多的实力耗损会降低我们的竞争力，还会使自己疏于防范，给他人以可乘之机。所以，竞争不能只讲究奋斗，更要讲究谋略，如果能避免正面冲突，就不要正面冲突。

追求“不战而屈人之兵”，首先要积累自己的威信，让他人对自己信服，进而威慑对手。一个让人尊重的人既要有出色的能力，也要有独特的人格魅力，他可以有一些缺点，但这无损于他的信誉。这样的人能够得到合作者的信任，敌对者的欣赏，最容易对人产生威慑力，让人下意识地选择合作和共存，而不是敌对与抗争。

任何时候都要尽量避免极端的打算和两败俱伤的结局，鱼死网破是最大的损耗。不要执着于一时一地的胜利，而要做长远打算。头脑里始终为大目标盘算，就会动心忍性，克制自己的躁动和脾气，渐渐懂得如何处理当前存在的利益矛盾，努力将敌对者变为合作者，追求变通，追求双赢的结果。反之，那些用完全部力气取得一次胜利，导致后继无力的人，就是太过缺乏谋略头脑，他们的成功只会一时，而不是一直。

谋攻篇（二）

原典

孙子曰：故用兵之法，十则围之，五则攻之，倍则分之，敌则能战之，少则能逃之，不若则能避之。故小敌之坚，大敌之擒也①。

注释

①故小敌之坚，大敌之擒也：所以一方弱小却逞勇好斗，就很容易成为强大敌人的俘虏。

译文

孙子说：所以，用兵的法则是，如果我方的兵力是敌方的十倍，就要围攻敌人，如果我方兵力是对方的五倍，那么就要进攻，如果我方的兵力只是敌人的一倍，那就要想办法分散敌方兵力，然后逐一击破，势均力敌，要想办法进攻，若实力不济，那么就要避免交战。如果敌人实力强大而我方实力弱小还要硬拼，那么只能被敌方俘虏。

解析

战争现实而残酷，在敌对双方均具有强烈战争意志的情况下，一方很难不战而让对方屈服，一旦“威加于敌而不能屈之”，就必须要通过交战才能实现自己的既定目标。作为伟大的战争学家，孙子不但在战略上追求不战而屈人之兵的圆满结果，在战争无法避免的情况下，也给出了具体作战的指导原则。

首先，战争乃国之大事，非同儿戏。不管敌军强弱如何，都应该慎重对待。战前要审己查敌，量力用兵。要懂得根据实际敌情分合为变，集中兵力以实现必胜的结果。一旦战争难以避免，为了确保胜利，我们就应该用于己最为有利的方式去赢得战争。最重要的就是要看清敌我双方的实力，量力而行。作为一个优秀的将帅，要懂得充分利用手中的力量，灵活多变，趋利避害，用最小的代价换取最大的胜利。

趋利避害是能否取得战争的胜利、同时尽量降低损失的重要战争原则。要实现这一目的，在战前的权衡各种战争方式的利弊是一个重要的工作。在战争中，不但要懂得权衡，还应该根据形势的变化随机应变，也就是要学会“权变”这种综合指挥能力。战场情况是瞬息万变的，先前权衡的利弊随着战争的发展可能已不再适用，如果只是拿先前的计划去生搬硬套，就会变成纸上谈兵，若不能正视己方的弱点，一味逞血气之勇，那么失败难以避免。

解读

打没准备的仗和没胜算的仗，都需要谨慎思考。

每个人都渴望成功。但有时候成败并不是做事情的最重要指标。对那些梦想成功的人来说，有时候还有比成败本身更重要的事情，那就是为获得一件事情的成功而付出代价的太小。正如三国枭雄曹操在读《孙子兵法》后得出的：“在利思害，在害思利。”也就是人们后来进一步总结的：“两利相权取其重，两害相权取其轻。”这种哲理突破了兵家“唯胜是图”的信条。我们如果站在现实的角度来看，这种取舍思想对每一个人的生存发展有着重要的指导意义。

第一次世界大战全面爆发前夕，德国军队进攻拥有中立国地位的瑞士，破坏了 1815 年签订的《维也纳会议宣言》，世界舆论一片哗然。悬于欧洲大陆之外的英国首先强烈反对，因为瑞士的中立国地位是 100 年前，英国国王用大英帝国和他本人的信誉进行保证的。虽然时过境迁，签订协议的各位当事人都已经作古，但祖先订立的条约做子孙的必须遵守。因此，大英帝国上下把德国对瑞士的侵略看作是在国际上公然扇了英国的耳光。

为了祖先的信誉，为了大英帝国的国际尊严，英国立即对德国宣战。600 万英国成年男性越过英吉利海峡，参加了对德战争。虽然最终赢得了战争，但英国却遭受了巨大的损失。其中光是战争费用就超过 150 亿英镑。更重要的是，英国在战场上损失了 75 万名最优秀的男性。这一损失在之后很长一段时间内给英国的发展带来了巨大的影响，它导致了英国战后经济发展出现劳动力短缺、社会人口增长缓慢等问题。此后的英国虽然还能保持世界强国的地位，但已经与昔日日不落帝国挥手告别了。

从这段史实就可以看出，战争带来的影响有时候比能否赢得胜利的结果要重要得多。虽然，对军队来说，战争的目的当然是为了通过胜利来索取，但权衡战争利弊，明白结果会得不偿失的时候，放弃同样是一种勇气和智慧。

所以，孙子教导人们务必要分析敌我双方的形势，明白什么时候可以开战，用什么样的方法取胜。更提醒人们当自己的实力尚弱小，千万不要以卵击石。孙子这种极富现实主义的战争思维，对当今的商业精英们同样具有重要的指导意义。人们常说商场如战场，能够实现合作固然好，就像人们常说的“和气生财”，强强联合共同去赚市场的钱。但处在完全市场经济时代的当今社会，市场竞争才是商界主流。市场中的商业竞争就是一场不见硝烟的战争，能够把控商场情势，用最小的代价击败竞争对手，赢得巨大的回报，无疑是每一个企业管理者追求的目标。

作为企业的管理者，必须要把实际商业利益放在首位。不要为了击败竞争对手而不惜血本，不顾一切。像我们日常生活中最常见的，一些商家依靠竞相压价进行恶意竞争。很多商家在竞争时甚至完全忘记了竞争的目的，把竞争变成了斗气。在这种思想的影响下，即使最终击败了竞争对手，获胜的商家也会损失惨重，得不偿失。懂得权衡利弊，懂得取舍才是真正的经营法则。

人生并非只有成败两种评价标准，比起成功的名声，获利也同样重要。可以说，即使是失败者，也有他的收获，一次失败甚至能成为最终成功的契机。所以，不必过分看重一次竞争的结果，该放弃的时候就要学会放弃，积累自己的实力为今后做准备，不失为一条明智的策略，要记得“留得青山在，不怕没柴烧”。

因此，每个在成功的道路上前行的人都不要只盯着最后的目标，把它作为自己是否成功的标准。只要我们能把脚下的步子迈得坚实了，不管我们在什么地方倒下，我们都是成功的。另外，从实用主义的角度来看，收获多少才应该是最终极的目标。偏离了这样的目标，成功也不过是一个虚名而已。也正是如此，那些现实主义者才会在获得实际利益之下深藏功与名。所以说，任何事情的判断都不能用一个标准，只有这样，我们才能成为生活中的实际获利者。

谋攻篇（三）

原典

孙子曰：夫将者，国之辅①也。辅周②则国必强，辅隙③则国必弱。

注释

①辅：辅助。

②周：缜密、周详。

③隙：疏漏、缺失。

译文

孙子说：所谓将帅，是辅佐国家之才。如果将帅能够提供缜密周详的谋略，那么国家必定强盛，若是谋略有所疏漏、不够周密，那么国家必定衰弱。

解析

千军易得，一将难求。孙子对军事将领在整个战争的成败中所起到的重要作用，给予了充分的肯定。甚至在《孙子兵法》中，孙子也把双方将领的对比，作为预测战争成败的重要因素。拥有优秀的将才，是每个君主都梦寐以求的事情，好的将才也是一个国家走向强盛的重要基础。中国有“兵熊熊一个，将熊熊一窝”的俗语，在西方也有这样的比喻：“如果一群狮子的统领是一只羊，那么狮群也会变成羊群。”可见，优秀将领对一支军队乃至一个国家的重要作用得到普遍认可。一个优秀的将领能够很好地将个人意志灌输到所率领的军队中，甚至能让整个军队展现出属于自己的独特气质。

一个好的君主，一定要有一双“识珠”的慧眼。要学会发现和培养国家内优秀的将才。国家之大，国君不可能任何事情都亲力亲为。发兵作战更是关乎国家兴衰存亡，同时也异常凶险，不到万不得已，国君不能亲临前线。而战场情势也是瞬息万变，再明智的君主都难以运筹帷幄，决胜千里。这时，有一个优秀的将才既可解国君之忧，又可定国安邦。

因此，将领的素质，关系到整个国家的生存和发展。“一将无能，累死三军”，将帅是一切军事活动的中枢，无论是军队的建设、训练，或者作战指挥，将领都在其中起着主导作用。同样一支军队，不同的将领可能带出完全不一样的效果。甚至，在古今中外的历史进程中，也常常会把良将的诞生看作是重大的历史事件。所以，必须把选择良将当作一件大事对待，不可有任何疏忽。

解读

一个篱笆三个桩，一个好汉三个帮。一个人但凡想成就一番事业，就必须要有得力的帮手。

古代君王的头等大事，是选择忠臣良将帮自己治理国家、保卫疆土。现代人的头等大事，是选择有能力的事业伙伴。眼光更远一些，是选择有能力的下属。如果一个人身边既没有下属也没有伙伴，可能说明他的个人能力和精力超强，各种大事小事都能自己搞定。这样的人现实中可以被称之为“超人”，但是，超人往往是不存在的。孤家寡人的另一种可能，就是他干的事业完全上不了档次，没有人愿意与他合作。

从一个人的帮手数量和质量，能够看到他的前途。生活中大家的能力和精力都相差不远，一个人能完全搞定的事情能叫大事业吗？这样的事情即使成功了能有满足感可言吗？所以说，帮手往往能证明事业的大小。个人能力再强，只要我们要有追求，就必须做那些一个人完不成的事情。在这种情况下，帮手的必要性就出现了。对那些真正聪明的人来说，他找的帮手可能比他更有才华，能帮他实现他个人办不成的事情。只有这样，这些帮手的价值才能充分得到体现。

三国时期的重要人物诸葛亮，虽然并不是一国君主，但是他的出山却被历史学家看作改变当时政治格局的重要事件。诸葛亮未出茅庐而定天下三分，他卓绝的战略眼光一直为后人仰慕。虽然刘备请诸葛亮出山颇费心力，但这却是个一劳永逸之举。他获得一个治国能臣和治军良帅，给刘备的宏图伟业插上了翅膀，他的事业从此有了一个新的开始。可想而知，一个良将对一个君主和一个国家的重要作用。

在当今社会，无论是一个国家还是个体，要想获得发展，就要有识别人才的慧眼、聚拢帮手的能力。修炼自己的人格魅力，提高自己的能力，让更多优秀的人聚集在自己周边，成为自己的事业伙伴。这种做法是一个开放型的发展策略，对于自己的事业会有不可限量的正面作用。

中国有句谚语："没有追随者的人只是在散步。"一个做事业的人必须具备强大的影响力，成功的开拓者擅于运用事例团结团队，他们措辞准确，擅于交流。从某种角度上说，一个出类拔萃的领导者可以决定一个组织的命运和发展前景，决定一个组织的优势和可持续发展。哈罗德•孔茨说："领导是一种影响力，或叫作对人们施加影响的艺术过程，从而使人们心甘情愿地为实现群体或组织的目标而努力。"这也可以说明作为领导的一个非常明显的作用，那就是影响别人。

谋攻篇（四）

原典

孙子曰：故君之所以患于军①者三：不知军之不可以进而谓之进，不知军之不可以退而谓之退，是谓縻②军。不知三军之事而同三军之政者，则军士惑矣。不知三军之权而同三军之任，则军士疑矣。三军既惑且疑，则诸侯之难至矣，是谓乱军引胜。故知胜有五：知可以战与不可以战者胜；识众寡之用者胜；上下同欲者胜；以虞待不虞③者胜；将能而君不御④者胜。此五者，知胜之道也。故曰：知彼知己者，百战不殆；不知彼而知己，一胜一负；不知彼，不知己，每战必殆。

注释

①患于军：给军队带来危害。

②縻：音同“迷”，束缚。

③虞：准备。

④将能而君不御：指将帅有指挥才能而国君不遥控指挥。御，通“驭”。

译文

孙子说：所以，君主在三种情况下会伤及军队：不了解军队不可以前进的情况而命令发兵，不了解军队不能后退的情况下强令后退，此为束缚军队的做法；对军中事务不够了解而进行干预，会让兵士感到疑惑迷茫；不懂用兵打仗却要指挥作战，这样会让将士感到疑惑。军队兵士们因疑惑而感到迷乱，会让各诸侯国趁火打劫，灾难也就来了。这就是所谓的扰乱我方军心，让敌方取胜。有五种情况可以预见胜利：能够洞悉是否可以与敌方交战能够取得胜利；能够了解双方兵力并善加利用的可以胜利；全军上下同心可以取得胜利；我方有充足的准备而敌方毫无防备时能够取得胜利；各司其职，将帅善于权谋，君王不牵制干预能够获得胜利。这五种情况就是获得胜利的途经方法。所以说：了解自己和敌方，多次交战也不会懈怠；知道自己的情况不了解敌军，胜利和失败各占一半；不了解自己，也不了解对方，那么最后必定会失败。

解析

在战争过程中，情报的收集一直被当作取得胜利的重要砝码。孙子也将掌握敌我双方的情资视为战争胜负的关键因素。他在《孙子兵法》中给出了“知己知彼，百战不殆”的著名论断，这一论断也成为人们最熟知、最认可的战争理论之一。所以，从古至今，情报工作都是战争的重要部分，情报工作既包括明面上的考察，旁敲侧击的了解，也包括向敌方派遣间谍、刺探情报等私密的活动。

情报工作是一支军队乃至一个国家确保安全发展的重要组成部分，是国家安全的支柱。可以说，谁掌握了丰富而准确的情报，谁就将掌握战争的主动权。也只有在大量准确情报的支持下，一个国家才能做出正确决策。如果在没有了解敌我军情的情况下就妄做决策，就可能将军队置于危险境地，为战争的失败埋下伏笔。

因此，孙子在兵法中告诫远在后方的君主要相信前方的将帅，不干预将帅的指挥。不要在对战场情况一无所知的情况下对军队遥控，这样不但无助于战争的胜利，还会葬送整支军队，甚至导致国家衰败。因为在信息并不畅通的古代，距离越近常常意味着能获得更多更准确的敌方信息，尤其是在情况瞬息万变的战场。因此，君主充分信任主帅，让前方主帅能根据实际情况指挥军队，也是取得战争胜利的重要前提。这就是所谓“将在外，君命有所不受”。这也可以考验一位君主的“知己”能力。

解读

现代社会处于信息时代，情报的重要性超过以往每一个时代。

情报，说白了就是特定的资讯。这种资讯的重要作用就在于，它们能帮助我们在做任何事情的时候，大致知道自己这样做能否成功，成功之后能够得到什么，要想成功需要什么样的条件，做哪些方面的准备等等。当我们把这些要素综合起来看就会得出一个相对完备的结论。实际上，人类历史上任何成功，尤其是那些看起来很难实现的成功，都是建立在充分掌握目标信息基础之上的。

中途岛战役是人类历史上第一次大规模使用航母舰载机的大海战，交战双方都在相距本土数百公里的海上展开厮杀。这种脱离大后方、补给费力的作战无异于孤军深入，因此，掌握敌方情报也成了赢得胜利至关重要的条件。而美国之所以能在这场决定太平洋战争走势的海战中取胜，正是因为美军破解了日本海军的密码，为此制定了一套周密的作战计划。在做好了充分准备的情况下，军力处于劣势的美国太平洋舰队最终击败了不可一世的日本海军，赢得了二战亚洲战场的关键一战。美军没有重蹈珍珠港的覆辙，原因就在于掌握了敌军的情报。

当今社会，对处在激烈竞争下的企业来说，了解竞争对手的情况是企业赢得竞争的重要手段。企业靠什么样的方式从激烈的市场竞争中脱颖而出？有时候我们需要的仅仅是一点点“差别化优势”。也就是人们常说的：“人无我有，人有我优。”当然，这些可以靠企业压倒性的优势直接获取。如果企业没有压倒性的优势怎么办？那我们就只需要了解竞争对手的情况就行了。在充分了解对手信息的情况下，以己之长攻敌之短，企业就能通过和对手打一场不对称战争赢得胜利。这其中，中国的两大凉茶业巨头王老吉和加多宝之间的商战就可以称得上是经典案例。

在失去王老吉这个品牌之后，加多宝公司不得不另起炉灶。在资金实力不占优势，品牌影响力处于绝对劣势的情况下，加多宝清楚地明白自己还有一种优势，那就是营销人才。而加多宝公司正是抓住了王老吉立足未稳的弱点，在铺天盖地的广告配合下，依靠强大的营销团队，将产品迅速投放到终端市场。一举扭转乾坤，占领了超过60%的市场份额。从中我们可以看到，在诡谲莫测的市场竞争中，拥有准确的情报，再加上合理的竞争策略，企业就能立于不败之地。正如世界首富比尔盖茨说的：“一个企业搜集、运用、管理信息的方式将决定这个企业的输赢。”

具体到处于竞争压力下的每一个人身上，随时了解对手的动向，行业的动向，也是脱颖而出的关键。三百六十行，行行出状元。每一个行业都是金字塔一般的结构，需要不断地扩充实力，才有可能步步高升，否则只能停留在某一个层次，无法有更高的发展。这个时候，对手的存在是一种激励。

要有不服输的斗志，了解对手的一切情报，抢占先机，把时间当作生命。获得情报的来源多种多样：可以直接询问，可以旁敲侧击，可以向对手身边的人打探，可以多多参加交流活动，可以根据他人最近从事的研究，推测出他可能的动向……了解对手，能让自己时刻提高警戒心和进取心，随时修正、鞭策自己，保持最佳状态，这就是现在意义的“百战不殆”。

第四篇　军形篇

军形篇（一）

原典

孙子曰：昔之善战者，先为不可胜，以待敌之可胜。不可胜在己，可胜在敌。故善战者，能为不可胜，不能使敌之可胜。故曰：胜可知而不可为①。

注释

①胜可知而不可为：胜利可以预见，却不能强求。

译文

孙子说：过去那些善于用兵打仗的人，总是先为自己创造不被击败的有利条件，然后等待时机打败对方，让主动权掌握在自己的手里，这样一来，是否获胜就在于敌人是否有可乘之机。所以善于用兵打仗的人，也只能保证自己不会被打败，不能保证一定会打败敌人。所以说：胜利可以预测，却不能保证、强求。

解析

战争的胜负是各种因素相互作用的结果。而由于双方信息的不透明，敌方的真实情况难以预料，战争的成败也存在着很大的不确定性。因此，要想在战争中掌握主动权，将自己一方的准备工作做好是最重要的。只有将自己做到最好，不管敌人那边是什么样的情况，也能确保自己进可攻、退可守，有条件可以得胜，没有条件也足够自保。战端未启已立于不败之地，这才是每个将领应该追求的最高境界。如果战前既不了解敌情，又不做好充分地准备，只知道走一步算一步，将士兵拉到战场上再说，就很可能让自己处于被动。

估测中的胜算达不到百分之百，在战场上能不能战胜对手受多种因素影响的，并不能完全由自己来决定，也不能强求。优秀的将领能做的，仅仅是通过充分地准备让自己站在一个主动的位置，带着必胜的决心去战斗。所以，孙子在兵法中既强调了战争的客观现实性，又肯定了主观努力对战争成败的重要影响。也就是当今的人们所强调的："也许我改变不了这个世界，但是我能改变自己。"

解读

任何事情都有可能发生，我们能做得是做好万全准备，而不是盲目地迷信这种准备。

一个真正的成功人士取得成功不应该是基于特定情况下的侥幸，而是在充分准备基础上的必然结果。世界之大，每一个人对其产生影响的能力都是微不足道的。实际上我们也不需要有这样的想法和举动，只要我们在所面对的每一件事情上都做好充分地准备，用最好的状态去应对挑战，我们就拥有了取得成功的可能。

现实是残酷的，如果面临的挑战超出了我们能力范围，我们是无能为力的。那么为什么继续浪费精力，而不是绕开它，把更多的精力放在那些我们能获得成功的事情上呢？这才是保险又有效的做法。这种做法需要我们在应对每一次挑战时，做好充分的准备，既要将自己调整到最佳状态，又要对挑战有充分了解，从而大致有一个成功与否的心里判断。只有这样，我们才不会在那些必然失败的事情上空耗时间和精力，让付出努力却遭受的失败打击来消磨我们的意志。但现实总有避不开的挑战，总有躲不掉的危机，也总有不能放弃的追求，这个时候，我们就必须迎难而上，成为一个“能为不可胜”的善战者。

我们总是对那些成功人士羡慕不已，却没有发现这些所谓的社会精英不过是我们身边的凡人，只不过他们总是在用最好的状态去迎接生活的每一次挑战，因而获得了比我们多几倍、几十倍的成就。他们懂得去规避那些必然的风险，善于去发现存在于身边的那些必然的成功，更知道如何做好万全准备，时刻捕捉来之不易的机遇。他们在打造最强的自己这一方面做得更好；并且在避免失败、选择成功的能力上超出常人，这些人的巨大成功正是来源于少走弯路的情况下累积到了更多的成功。

失败者则往往因为准备不够充分，倒在了那些原本能够获得成功的事情上，他们对那些远远超出能力之外的事情缺乏了解，对必败的形势没有清醒的认识，最终一无所成。胜利需要依仗各种因素，只有求胜的意念和过程中的努力，并不足以保证胜利的结果，我们唯一能够保证的，是自己的强大。

竞争是一个敌我相持的过程，在结果出现之前，任何转折都有可能发生，没有百分之百的胜利。历史上不少以少胜多的战役，败的那一方都拥有绝对的优势，却被处于劣势的那一方或以智取，或找到疏忽，导致失败。所以，在竞争过程中，占上风时不可大意，处下风时也不必灰心，只要坚定地壮大自己，就能保证敌人无法在一时一刻之间战胜你，进而慢慢寻找取胜的机会。

对于每一个人来说，每一分实力的积累，都可能增加我们今后获胜的可能。不断地自我提升，不断地权衡局势，不断地观察和准备，我们不能保证自己打得每一仗都会胜利，只能保证每一仗都有完全的准备，迎接一切可能的挑战。结果不能强求，但我们得到的将是每一次的进步。

军形篇（二）

原典

不可胜者，守也，可胜者，攻也。守则不足，攻则有余。善守者，藏于九地[①]之下，善攻者，动于九天之上，故能自保而全胜也。见胜不过众人之所知，非善之善者也；战胜而天下曰善，非善之善者也。故举秋毫[②]不为多力，见日月不为明目，闻雷霆不为聪耳。古之所谓善战者，胜于易胜者也。故善战者之胜也，无智名，无勇功，故其战胜不忒[③]，不忒者，其所措必胜，胜已败者也。故善战者，立于不败之地，而不失敌之败也。是故胜兵先胜而后求战，败兵先战而后求胜。

注释

①九地：九层地，本文指隐藏得很深的意思，与下文的九天相对应。

②秋毫：鸟兽在秋天长出的绒毛，意指分量极轻。

③不忒：不意外，有必然性。

译文

当敌人无法战胜的时候，就要防守；敌人有了可乘之机，就要进攻。防守是在我方兵力不足时，当兵力强大时就要进攻。善于防守的人，会隐藏自己的兵力，就像藏在深渊中那样不被发现；善于进攻的人会充分发挥实力，让军队以从天而降的气势展开进攻，所以能够保全自己的军力又能获得胜利。用一般人的常识来预测胜利，不算优秀之中最高明的；通过激烈的战斗赢得战争胜利，获得普天之下人们的承认，也算不上优秀之中最高明的。就如同举起羽毛不能说力大无穷，看得清日月不能算眼神好，听见雷鸣不能证明听力灵敏一般。古代那些所谓善于用兵的人，只不过是在有利的条件下轻而易举地打败了敌人而已。所以说，那些所谓善于用兵打仗的人胜利了，也不一定有智慧和名声，也不一定有勇敢杀敌的战功，因为他们的胜利是无可置疑的，因为他们的胜利有着坚实的基础，他们只是打败了已经处于败势的敌人。善于用兵打仗的人，会坚守住有利条件，创造出能够获胜的条件，也不会放任任何一个可以打败敌人的机会。所以，胜利的一方总是先制造胜利条件后，才发兵的，而失败一方，则总是先与对方交战，企图在战争中侥幸获得胜利。

解析

作为以伐谋为最高战争追求的兵家来说，永远都在阐述着这样一个道理：那就是猛将永远胜不了谋士。这其中最重要的一个原因就是猛将赢得战争的方式就是进攻，战争的胜败完全靠现场的拼杀。而谋士主导下的战争则是通过事前的准备和计划，整个战争都在按照先前制定的计划进行。在作战中，猛将一味带领部下杀敌，而谋士却能对战争态势有清晰的判断，能够根据战争形势制定适宜的作战方式，甚至在作战之前就能对战争胜负有充分的预见性。在孙子看来，在战前对战争走势的预见性是判断一个将领指挥水平的重要指标。

如果一个国家在战争中不懂得事前进行谋划，根据形势用最恰当的作战方式，不懂得将攻守之术发挥到极致，对战争走势没有超强的预判能力，只是依靠常人的见识去想当然，这算不上最高明的指挥能力。如果对战争没有充分的把握，只能凭着直觉走一步算一步，即使赢了也只是侥幸罢了，这样的战争心理也绝不是常胜之道，偶尔一两场获胜了也是实力悬殊下的必然结果，换作一个普通人来指挥也能实现同样的效果，并不能反映一个优秀的将领的水平。

孙子在兵法中强调了军事将领不仅要有冲锋陷阵的勇敢，更需要对整个战争形势有深刻的理解。以此为基础，对整个战争走势能有一个准确的预见，从而对敌人采取有针对性地应对措施，最终让自己在战场上立于不败之地。预见性既需要有丰富的战争阅历，又要有正确的主观思想。正是基于这种原因，预见能力也被孙子看作是对战争拥有深刻理解的标准。

解读

打有把握的仗，需要非凡的预见能力。

对任何事情的发展都应该有预见性，这让我们能够采取有针对性的方式去迎接挑战。甚至在很长一段时间内基于此建立起一种正确的指导思想。有些人总能预测到未来可能出现的困难，提前做好防范措施，看上去“料事如神”，其实这种能力并不神秘。

当然，拥有预见能力不是一件容易事，预见能力是一种需要综合素养的能力，既包括了对客观事物的全面了解和深刻理解，也需要考验一个人的阅历、知识水平和超前意识。这些都会决定其预见的前瞻性和准确性。预见性对我们行为的指导作用显而易见，一个准确的预见结果就像先知的指引那样，帮助我们用最正确的方式去获得成功。因而，努力提高自身基本素质，合理的知识结构、丰富的经验结构，培养良好的思维习惯等，都是提高预见能力必做的基本功。一个人要想在任何领域具备预见能力，都需要有对该领域有深刻理解能力在内的综合素养。

深刻的预见力来自不断学习与调查研究。毛泽东有一句名言：“没有调查就没有发言权。”即使一个学识丰富的人，也不是从一开始就对某一领域有深刻理解，只有在全面了解的基础上才能逐步加深领悟。正如一个将领的预见力既来自对包括作战对手的全面了解；又有对整个战争的历史、性质、目的的正确认识；还有长期战争经历积累起来的经验阅历。只有这样，才有可能对整个战争走势做出准确的预判。

预见力还来自于对某一领域的高度关注和敏感。任何纷繁复杂的事物，都会存在一些脉络和轨迹，这些脉络和轨迹为预见提供了现实基础。当然，前提就是我们能对其有持续的关注。通过对这些领域一些成功和失败的例子进行分析、总结，才能逐步形成对它的深刻理解，最终掌握其发展变化的规律。只有这样，才能对其发展变化产生拥有准确的预见力。

预见能力既是对自身综合素养的重大考验，甚至可以说是对个人潜能的发挥。潜能看似一瞬间爆发出来，却来自年深日久的积淀，特别是一些人在危急关头能爆发出平时不可能具有的潜能，这正是出于高度关注的结果。因为平日就对某一事物有高度重视，才能在危机时刻调动所有思维和知识，以最快的速度总结归纳，找到突破口。在任何领域，一个人要想准确把握事情未来的走势，肯定也是在高度关注下，将自己的相关能力和意识集中进行思考的结果。不管是在战争中有针对性的应敌，还是在竞争时制定有效的竞争方案，都是在预见的指导下进行的权变。

在我们追求事业高度的过程中，任何一个决定都将是很长一段时间内的发展目标和行动指南。因此，它必须有前瞻性。我们所做出的决定既要有对自己的全面了解，又要有对行业的具体分析，还要有对竞争对手的熟稔，才能使个人对未来路线做出精准预测，随时查缺补漏，不偏离最初的目标，顺利到达终点。

在具体竞争过程中，预见力最具实效，我们不但要分析自己的强项与弱点，还要分析对手的竞争策略，进而对每一步做出基本判断，确定即将施行的行动是万无一失，还是孤注一掷。这种判断督促我们做出更全面地准备。当一切准备工作都做好之后，我们面对的就会是一个必败的敌人。敌人之所以会必败，并不是实力的弱小，而是因为在预见力的帮助下，展现在竞争对手面前的是不可战胜的优势，竞争对手却将必败的因素暴露在我们面前。一个真正的胜利者并不是依靠绝对优势下的以大胜小（这样的情况现实中并不多见），而是在预见力指导下的以巧制胜。

军形篇（三）

原典

孙子曰：善用兵者，修道而保法①，故能为胜败之政。

注释

①修道而保法：进行合理的军队整治并确保各项制度的有效执行。

译文

孙子说：善于用兵打仗的人，会从各方面找寻必胜的条件，确保胜利的法度，所以才能掌握胜败。

解析

在一个真正懂得用兵的将领眼中，军队不仅仅是作战的工具，而是一个以战争为主体的社会团体，战斗力的大小固然是由军队综合实力决定，但胜败仍是未知数，实力超群的军队和装备落后的军队作战，不乏以弱胜强的例子。这归功于主帅平日对士兵们的教育和管理。

以朝鲜战争为例，在朝鲜战场上，虽然美军体格强壮、装备精良、武器操作能力强，但志愿军却通过必胜的决心和“保卫朝鲜就是保家卫国”这种战争本质的理解，以大无畏的精神一再取胜，迫使不可一世的美军坐到谈判桌前签署了停战协议。

由此就可以看出，军队的全面建设对一支军队作战能力的重要作用。很多时候，让军队上下一心，让每个士兵知道战争的意义是什么、为什么而战，比用严苛的军法从形式上塑造纪律严明的军队效果要好得多。这就是孙子的高明之处，而后世的将领们也一直遵循着这种具有普遍指导作用的建军思想。

孙子在兵法中告诫用兵的将帅，战争的胜负不仅仅是双方士兵之间拼体力和砍杀技术那么简单。战争目标的明确、战争意志的灌输、思想和信念上的指导，佐以明确严格的军规，都是建立一支有强大战斗力军队的有效手段。列宁给出了部分答案："用思想武装起来的军队是不可战胜的"，由此也可以看出，深刻理解影响军队作战能力的各方面因素，并在军队建设中对士兵进行综合作战能力的培养，是打造一支能打仗、打胜仗军队的前提。而其中，往往被将领们忽视的军队思想文化建设更是战胜的胜利之匙。

解读

道义关乎良心，是每个人都不能推卸的责任。

中国自古就是礼仪之邦，古人一直以来都以恪守道义为荣。古老的道义到了今天虽有一些内涵上的改变，但本质并无太多变化。包括对规则的遵守，对他人的尊重，对团体的忠诚等等，都是道义的内涵。遵守道义与规则的行为看似呆板，却是每个领域的精英们在深刻理解发展真理的前提下，做出的明智之举，只有遵守规则，才会成为任何领域竞争中最终的胜利者。

道义不仅仅是一种道德上的追求，更是一种规律和原则。孙子说过"兵者，诡道"，但也同时强调了战争必须在某一方面符合道义要求。例如，古代讲究"兵不伐丧"，是对别国的尊重；讲究"师出有名"，是要求战争有合理性。对道义的追求是为了获得广泛的认同，这种认同来自本国，也来自更多旁观者。“无道”之争，也就是非正义战争，会被鄙视，这种战争的胜利者也无法得到民心。

现代社会，很多人讲求“为达目的不择手段”，用一些违背道义原则的方式去“抄近路”，但这样的胜利会给自己的信誉带来极大的伤害，长此以往，人们都会对他鄙视与不信任，远离这种缺乏基本道义的人，这个人的事业也会随之受挫，在生活中也会被人远离。

个人的道义简单直观，反映在一个人是否遵循道德。团体的道义相对复杂，既包括团体上下级成员之间的互敬互爱，也包括团体对外的道义形象。例如，现代企业管理就应该坚持对道义的追求和恪守。遵循长期以来形成的行业规则，遵循在企业发展中建立的理念与规则。

可以说，每一个成功的企业都会有一个特有而行之有效的发展理念。在企业长期的推广和教育下，企业就会形成一种独特的气质。通过有效的贯彻执行，就会产生一种“令民与上同意”的效果，人们常常提到的企业文化就是其中的一部分。就像世界著名的连锁超市沃尔玛公司所遵循的：“第一条，顾客永远是对的；第二条，如果顾客错了请参考第一条。”这既是企业的一条制度，又是企业文化的精髓，同时也是企业管理者对企业经营发展规律的一种感悟和总结。正是因为沃尔玛公司能够坚持和恪守企业的经营发展之道，企业才能够赢得市场和消费者口碑的双丰收。

可以说，当今社会任何领域的运行和发展都遵循这样的原则。在当今的企业管理实践中，人们也越来越认识到，管理沟通、商务谈判这些技巧固然重要，但是如果违背了职业操守甚至道德品质，这样的管理者终究不会是一个真正的精英管理人才，这样的员工也不会成为好员工。正如市场经济下的企业发展模式的不断演进过程一样，在西方资本主义发展的初期，很多企业家为了逐利不遵守行业规范甚至是违法乱纪，严重影响了资本家在民众心目中的形象。双方之间的矛盾不断激化，一些消费者和社会维权组织纷纷对企业家的无良经营进行揭发曝光，很多企业因此而损失惨重甚至被迫关门。

惨痛的经验教训让企业家们意识到企业承担社会责任的重要意义，也就是企业不仅仅是一个营利机构，还应该承担应有的社会道义，只有这样才能赢得消费者的信任和赞赏，为企业的长期发展提供动力。

海尔集团这样具有世界影响力大企业的发展，却是从张瑞敏镐头怒砸 37 台劣质冰箱开始的。海尔集团所坚持的“真诚到永远”企业经营理念，不但在同行业中得到尊重，同时也为市场消费者所认可，正是这种认可和尊重，才为企业的长期发展提供了不竭动力。

这样的例子同样应该引起每一个中国企业家的思考。中国目前的企业乱象，不仅是在市场经济的影响下，部分国人道德感缺失的表现，也是市场经济发展的早期，人们没有对市场发展规律深刻理解而形成的不成熟的企业经营理念。所以，必须从根本上重视企业思想的灌输，让每一位员工感同身受，这样才能有利于增强他们的主人翁意识。

此外，道义的推行不能仅仅靠他人的自觉，而要有相应的赏罚机制，并与企业纪律相结合，双管齐下，才能深入人心。不论我们身处哪一种团体，都应该注重道义与法纪的双重力量，做一个遵循规则的人，也要用规则感染说服他人，这样才能真正融入一个团体，并使自己与他人的关系更加默契。

军形篇（四）

原典

孙子曰：兵法，一曰度，二曰量，三曰数，四曰称，五曰胜。地生度，度生量，量生数，数生称，称生胜。故胜兵若以镒称铢，败兵若以铢称镒①。称胜者之战民也，若决积水于千仞②之溪者，形也。

注释

①以铢称镒：用一镒的秤砣来称量一铢的东西，形容优势明显。镒和铢都是古代的重量单位，一镒约为576铢。

②仞：古代长度计量单位，一仞约为七尺。

译文

孙子说：所谓兵法，一是估量土地面积，二是测算物产资源的数量，三是统计兵源、人口，四是比较双方的实力加以权衡，五是判断胜利与否。土地的面积决定了物产资源的多少，物产资源可以推算出兵员数量，兵源的数量直接影响着双方的实力大小，而双方实力则直接影响着战争的结果。胜利的一方对于失败者而言就如同以“镒”称“铢”，有着绝对的优势，而失败的一方对于获胜的一方而言就如同以“铢”称“镒”。胜利的一方在作战时，就像从数百丈高山溪谷中决堤而涌出的积水一样，势不可挡，有着雷霆万钧之势，这才是军事实力强大的体现。

解析

战前的运筹，是赢得战争的前提。两军交战时，对敌方直接的信息缺乏难以避免，但是一些客观条件却能为事前运筹提供基础，从而达到以小见大、管中窥豹的效果。这种军事运筹思想同样产生于对影响战争因素的全面把握，对后期战略战术都有广泛的指导意义，也为那些坐镇幕后指挥的战略家们提供了指导思想。在兵法中，孙子通过对“度”、“量”、“数”、“称”、“胜”这五事之间的制约关系的综合运筹，来进行双方军力的大致判断。因为在战争中，土地面积决定着人力、物力资源的容量，而资源的容量又决定了敌军可以投入的军队数量，根据对军队数量对比又能大致决定双方军队实力的强弱。通过这些战前的基本预判，再配合适宜的作战方案，才能为赢得胜利做好准备。

在军事作战前，事前的运筹是至关重要的。战争的胜负往往看谁对双方的形势有更清醒的认识，谁的战争方案更适合作战的需要。这就需要战前对敌方相关的信息全面掌握，并通过对敌方军力的影响作用来进行战前的作战部署，为战争的胜利打下良好的基础。正因为如此，那些真正懂得用兵的战争谋划者，总是能够在敌人面前让自己的军队展现出绝对的优势，让战争形成一边倒的局面。这种优势的形成既来源于军队本身的力量，又是在对敌军军力正确判断下合理进行军事部署的结果。

解读

运筹帷幄、决胜千里并不是精英阶层的专利，它是藏于每个人身上的潜能。高瞻才能远瞩，人生能达到什么样的高度，取决于我们能够看得多远。不论做什么事，事先的谋划必不可少。谋划是计划的一种，但不能等同，谋划可以称为优秀的、成功的计划。生活中，很多人虽然也做计划，但往往是头脑发热之下的草率行为，并没有经过深思熟虑，目标不明确，没有具体的时间安排，缺乏对事情的分析，这样的计划很难成功。而谋划必须是在冷静分析的情况下进行的，让我们的人生有方向和目标，让我们的生活过得有条不紊。

谋划的核心是运筹，即对资源的把握和情况的把握。要了解自己和竞争对手手中具备多少资源：孙子提出“度”、“量”、“数”、“称”、“胜”，现代人需要考虑的则是金钱、知识储备、人际援助等方面的情况，然后利用这些资源制订自己的计划，最大限度发挥现有资源的作用，并积极争取更多的资源，还要事先考虑竞争过程中的资源损耗与补给。层层思考之下，才能确保得到最优的决策方案。

运筹思想在遥远的古代就已形成，现代人也应该把事前谋划当成一种习惯，将运筹思维贯穿整个计划以及计划实施的全过程，将有限的资源进行合理的优化配置，达到最佳的运行和竞争状态。

想要尽可能地让我们的计划显得有意义和价值、所规划的现实行动有可行性并能带来实际的利益，我们就必须再三斟酌，仔细观察、认真思考、协调和配置好自身拥有的各方面的资源，确保我们的计划是符合现实需要的。只有这样，才能将我们预备要做得事情做好。这种规划未来时的思维方式实际上每个人都能下意识地运用到。不管是国家领袖、企业管理人员、还是街头小贩，要想让自己的计划在现实中成功实现，就必须用运筹的思维方式去做好计划打算，只有这样，才能确保计划的实用性和科学性。

正是基于科学的谋划，我们才能展现出自身最强的实力。在社会中，谋划是一种能力。一个具有强大谋划能力的人一定算得上是一个行业精英。谋划也是一种良好的行为方式，做任何事情之前都进行谋划，哪怕是三五秒钟的，都比那些万事不过脑子、埋头大干的人做出的效果要好得多。在我们的精心谋划下，我们能够统筹调配好拥有的资源，形成最佳的竞争状态，展现出一个最强大的自己，在对手面前展现出一种不可战胜的态势。

第五篇　兵势篇

兵势篇（一）

原典

孙子曰：凡治众如治寡，分数①是也；斗众如斗寡，形名②是也。

注释

①分数：本文指军队的建制。

②形名：指军队的指挥系统。

译文

孙子说：治理规模大的军队和治理小部队是一样的，关键都在于如何编制、组织；指挥规模大的军队和指挥小规模部队也是一样的，关键在于有着统一的指挥系统，即相同的、精确的信号。

解析

军队是一个特殊的社会团体，比起其他的社会组织来说，它面对的是险恶无比的战场环境和生死相搏的战争。因此，在军队作战的过程中，面对整个战场一片嘈杂，敌我双方相互厮杀，局面混乱，为了安全，将帅一般都在较远的后方来遥控指挥军队。这种环境下，将帅的临场实时指挥也将受到极大的限制，这种客观环境对军队的事前的组织管理提出严格的要求。因此怎样进行合理的组织结构调整，对军队实行怎样的编制，在战争过程中如何进行明确高效的指挥，将主帅的意志和命令及时有效地传达给每一个士兵，是判断一个将帅是否有能力管理一个相当规模的军队，并在战争中实施有效指挥，赢得战争胜利的前提。

孙子对军队的编制结构的合理性要求，以及对明确高效的战场指挥系统的重视，对后世产生了深刻的影响。各国都在最大限度地提高军队的战斗力、在战时对军队的有效控制指挥这两个方面进行了不断地探索和实践。拿我国历史举例，蒙古军队的夫长制、后金军队的牛录制等，都是对军队实施有效管理，发挥军队的最大战力而进行的组织、结构、编制上的改革和探索。古代的擂鼓进攻和鸣金收兵制，则是通过明确有效的指挥系统在战时对军队实现有效指挥。孙子对这些问题的重视，再一次反映出他对整个战争机制的全面了解和客观务实的精神态度。

解读

制度的力量是无穷的，与其一味依靠领导者，不如依靠严明的制度。

理性是人类为人处世的基本态度。在人类不断进化的过程中，我们都在尝试和挑战在有限的时间里做更多的事，追求更高的人生状态，满足更高的人生需求。这些都需要我们将要做的事情进行合理的安排，让我们学会有条不紊，学会兼而顾之，尽量把每一件事做到有条理。

条理就像生活中的纲目，清晰明白，能让自己在面临纷繁复杂的事情时理清思路、理顺步骤，即使是一团乱麻也能理出线头，有条不紊地进行。而那些做事没有条理的人也许整天都忙忙碌碌，但是做出来的成果却很少，甚至累得半死最终还把事情做得一塌糊涂。

没有条理、做事没有次序的人，无论做哪一种事业绝没有功效可言，即使那些能力范围之内的事情，也是眉毛胡子一把抓，最后耗时耗力还不讨好。而有条理、有次序的人即使才能平庸，他的事业也往往有相当的成就，因为在做事有条理的前提下，他能将自己能力范围所及的事情做好，甚至超额完成。对事物进行结构化分析整理，既能让这些组织发挥出强大的竞争力，又能帮助我们去更清晰地看清和分析这些事物，为我们认识和解决它们创造条件。不管是一支规模庞大的军队，还是那些看似纷繁复杂的事情，只要我们能够了解它的组成结构，就能化繁为简，轻松驾驭。

条理引申开，就是制度。制度，就是一种合理化结构，需要体制之内的人集体遵守，不论是国家、军队还是社会团体，制度不容动摇，大的框架如果更改，那么事物的性质无疑会改变，从坚不可摧变为一盘散沙。团体追求制度的合理化，个人追求生活的条理化，才能更好地指导今后的工作和人生。

所以，做任何事情，都应该注重将我们面临的事情进行合理的结构化。优化组合是大自然赋予生物的天然本领，就像红花配绿叶一样，主次之分，序列组合，分工合作，才能维系一个整体的生命力。相反，如果事情在眼前混沌一团，杂乱无章，就会让人觉得复杂。制度和条理，就是将复杂的东西模块化和简单化。

最典型的例子是在企业管理中，在一个团队中，我们如何进行人员的组合将会极大地影响这个团队的战斗力。任何团体的人员编制都应该适应工作的需要，只有适合工作需要的团体才能展现出最强的战斗力。

在企业管理的过程中，管理人员的一大要务就是对企业的员工进行合理的分组，这也是现代管理学的意义所在。当然，按照工作性质的不同分成不同的部门已经是每个企事业单位的惯例。管理者容易疏忽的是：如何对一个部门的员工进行再一次的优化组合。

事实上，条分缕析式的管理模式有重要意义，人员的再一次细分可能会让这个团体更加具有战斗力。比如，将一个生产科按照一条条生产流水线分成一个个小组，每个小组都有一个组长，就像军队有军师旅团营一样细化，以达到优化组合的目的，层层负责，提高整体实力。

优化是第一步，实际上，在企业管理的工作中，像这样人员的进一步优化组合还有很多工作去做。例如，人员的优化组合并不仅仅是人员在数量上的配置那么简单，它还包含了如何让每一个编制团队中的组成人员能够互补长短，实现团体竞争力的最佳状态。

任何优化都要以尊重制度为前提，要知道优化的不是一时的配置，而是一直推行的制度，为的是让企业精神和企业奋斗目标能够有效地传达给每一位员工，保证他们的热情与效率。企业越大，制度越重要，制度关系到上层的战略意图能否有效执行，中层的各个部门能不能实现优化配置，下层的基础员工能否对企业有认同感。

另外，在企业的发展过程中，企业的管理应该注意企业人才的配置适应企业本身的实际发展需求。企业如此，企业的各个部门和小组都应该如此。如果没有按照实际需求合理配置，只是抱着人多力量大，人多好办事的心理，盲目地对企业和各部门的人员进行扩编，企图通过储备大量的人才来为企业的发展做准备，用人才优势来赢得和其他对手的竞争。这种不切实际的人员编制不但不能提高企业的竞争力，反而会因为太过臃肿而造成人员闲置，各部门人浮于事，既增加了企业的经济负担，又会造成企业的生产效率低下，竞争力下降。

兵势篇（二）

原典

孙子曰：三军之众，可使必受敌而无败者，奇正[①]是也；兵之所加，如以碫投卵者，虚实是也。凡战者，以正合，以奇胜。故善出奇者，无穷如天地，不竭如江河。终而复始，日月是也。死而复生，四时是也。声不过五，五声之变，不可胜听也。色不过五，五色之变，不可胜观也。味不过五，五味之变，不可胜尝也。战势不过奇正，奇正之变，不可胜穷也。奇正相生，如循环之无端，孰能穷之人！

注释

①奇正：古代军事术语，正面迎敌为正，暗中袭敌为奇，也可指常规手段为正，非常规手段为奇。

译文

孙子说：统领全军作战，受到敌军的进攻也不会失败，在于能够自如地运用正面迎敌和暗袭的手段；向敌方发起进攻，就像以石击卵一样容易，关键在于懂得虚实的运用。但凡作战，一般都是迎面阻挡敌人，采用奇袭获胜。所以善于奇袭的人，作战方法就会像天地变换那样没有穷尽，就像滔滔江河水一样不会枯竭。在一场战争结束后，不等对方恢复马上再开始，像日月变换那样周而复始；佯装失败后发起攻击，就像四季更迭那样。宫、商、角、徵、羽不过五音，但是却有着永远听不完的组合排列；红、黄、蓝、白、黑不过五色，却有着永远看不完的组合变化；酸、甜、苦、辣、咸不过五味，却有着永远尝不尽的味觉搭配。作战的形式不过正面迎敌和暗袭两种，但这两种手段之间的变化却没有穷尽。正面迎敌和暗袭之间能够相互转化，相辅相成，就像圆环那样，无穷无尽，而无始无终啊！

解析

战争也可以称为艺术，赢得漂亮的战争是每一个军事将领在作战中追求的目标。而漂亮的战争往往是以巧制胜的结果。那种绝对的以多打少的必然胜利或者经过血腥厮杀的苦战赢得的胜利都算不上漂亮的战争。要想赢得漂亮的战争，除了正确使用正面部队，还必须要懂得出奇招、用奇兵。这种对正面部队和奇兵组合的运用，正是建立在对整个战场环境全面了解的基础上的。

正兵与奇兵的组合变化，是战局之中最为变幻莫测的部分。因为正兵和奇兵的把握与运用是属于临机施展的，考验的是指挥官的洞察力和果断的行动力，这也是战场谋略中最难、最有魅力的部分。它既是孙子倡导的上兵伐谋的军事思想的一种表现，也是体现一个军事将领用兵水平的标尺。

战争的形式多种多样，战争的环境纷繁复杂，相应的正齐用兵也会有各种变化。这种变化既是为了迎合战争的需要，同时也是避免奇兵被敌方看破，达不到出奇制胜的效果。而要确保奇兵的隐蔽性，正兵的使用也必不可少。正兵既是与敌军进行相持的主要力量，同时又能对奇兵的行动形成掩护的效果。二者在战争过程中远近、明暗、虚实各有分工。如果正兵可以制胜，则用正而辅奇；如果奇兵可以制胜，则用奇而辅正。其中的变化，只有主帅通晓。在虚虚实实的变化中，敌人很难判断主帅的意图，或是逡巡不前，或是草率进攻，主帅就利用这个机会，一举奠定胜局。

奇正结合，妙用无穷，所以，孙子在兵法中倡导正奇相合，运用得当，以正兵决战，以奇兵决胜的用兵方式来赢得胜利。

解读

达到目的的手段不只有一种，适当的假动作，能为自己制造更多机会。

我们每天都要面临复杂多变的挑战，而挑战最大的考验在于：我们以前在解决问题的基础上积累起的经验，在之后碰到类似的事情上可能完全不能用。这些看似相同的问题可能需要另外一种完全不同的解决方案。如果只是一味地用过往经验来依葫芦画瓢，就很可能被生活欺骗。因此，在任何情况下，哪怕是在最常见的事物之中，我们都应该用发展的眼光来重新审视它。

条条大路通罗马，灵活的思维方式才是成功的关键。我们必须认识到，在生活中，不能任何事情都按规矩办，按程序来。非常时期就要用非常手段，如果只懂得用常规的手段来解决任何事情，我们就会对那些棘手的问题因为不知所措而无能为力。

世界著名的物理学大师，1908 年世界诺贝尔物理学奖得主鲁斯福特曾经为一个有争议的物理题担任过裁判。这个物理题目问：“如何利用气压计测量一栋大楼的高度?”标准答案是：“用气压计测量地面与楼顶的大气压力，然后用这个大气压力差即可计算出大楼的高度。”但有一位同学却给了一个看起来比较怪异的答案：“带着气压计到大楼顶，气压计上绑上一条长绳，然后缓缓垂下，等气压计触及地面时，再拉上来，绳子的长度即是大楼的高度。”老师考虑了一下，给了这位学生一个“大鸭蛋”。

学生不服，最后请来了大物理学家鲁斯福特。大师提醒该学生这是物理考试，答案一定要包含某些物理知识。学生说：“其实我有多种答案。”接着一口气说出了六种，其中既包括了用物体自由落体的时间这种物理学原理，也包括直接问大楼的管理员这种生活化的处理方式。鲁斯福特问：“你难道不知道用气压计测量地面与楼顶的大气压力，然后用这个大气压力差算出大楼的高度这样的正规方法吗?”学生回答：“当然知道，但我可不能保证我每天都会把气压计带在身上。”这位学生名叫波尔，后来因为缔造了原子模型并创建了量子论而获得 1922 年的世界诺贝尔物理学奖。

所以说，对任何事情，哪怕我们在大多数情况下都能用常规手段解决的，也应该尽量准备非常规的解决方案，以便在非常时期能派得上用场。这种处世之道，既是一种强大的解决问题的能力，同时也是创造性思维的表现。灵活机变的人，更容易成为生活中的强者。

在现代生活中，我们每个人都需要对非常手段有强烈的敏感性。只有这样，我们才能在常规手段之外，通过思考、变化，掌握更多解决问题的方式和手法。同时，也能以这样的意识来防范竞争对手。现实中各领域竞争的胜负，都是竞争双方常规手段和非常规手段相互角力的结果。

常规手段是重要的，它能帮助人们在占有优势的情况下，用最省时省力的方式来解决问题。毕竟，非常规手段虽然能够取得奇效，但它是人们苦思冥想、费时费力的结果。如果一个人在生活中面对任何事都要开动脑筋奇思妙想出一个妙招，就会大大增加他解决问题的成本，浪费大量的时间，甚至会给人留下怪异和狡猾的形象。所以说，非常手段要在非常时期使用，既要有这种思想，又要学会看清形势，不要盲目滥用。

站在实用主义的角度，奇兵制胜则正兵为辅，反之亦然。但是站在现实生活的角度，对正兵的运用应该是根本性的主体，如果偏废了正兵，就会走向歧途，最终成为生活的失败者。“不走寻常路”看上去是一种个性，但处处不按规矩出牌，就容易走上歧路、错路。所以，在没有完全的把握或者没有局势的逼迫之时，还是应该规矩一些，要记得智慧虽是无穷的，但不需要随时暴露。

兵势篇（三）

原典

孙子曰：激水之疾，至于漂石者，势也；鸷鸟[①]之疾，至于毁折者，节也。故善战者，其势险，其节短。势如彍[②]弩，节如发机。纷纷纭纭，斗乱而不可乱也；浑浑沌沌，形圆而不可败也。乱生于治，怯生于勇，弱生于强。治乱，数也；勇怯，势也；强弱，形也。故善动敌者，形之，敌必从之；予之，敌必取之。以利动之，以卒待之。

注释

①鸷鸟：一种禽类，以小型鸟兽为食，飞行时速度很快。

②彍：音同“郭”，形容弓弩拉伸的饱满状态。

译文

孙子说：水流湍急的时候，能够让大石移动，这是因为水势产生了强大的冲击力；鸷鸟捕杀鸟雀，一击便可毙命，这是因为它迅猛的节奏爆发了强劲的冲击力。因此，善于用兵作战的人，会造成险峻的态势，用急促而迅猛的节奏发起进攻。这种态势如同发箭之前的满弓一样，节奏就像拨动弩机那样突然。在旌旗杂乱、局势纷扰的情况下战斗，就要指挥自己的队伍不要打乱阵法；在战车乱跑、人马飞奔时候，就要保证我方的军队阵法布置能够稳操胜券，四面八方都可以自如应对。在混战中，整军治严的一方会脱颖而出；在怯懦当中，勇敢的一方脱颖而出；而弱者中，一定是强者脱颖而出。军队是否有秩序，在于如何编制；战士是否勇敢，在于军队的气势；军队的强大或弱小，在于日常训练所造就的实力。所以，善于作战的人，可以调动敌方的视线，让对方按照自己的假象做判断；给予对方诱饵，对方也能如我所愿收取。要用小利诱惑敌人，然后用兵伺机攻打敌军。

解析

在战争过程中，对势的把握来自于对自己最有利方式的运用，放在战争中就是用自己最擅长最有效的方式去战斗。只有这样，才能让己方的进攻处在最有利的位置。就像在篮球赛场上，一个球队要想获胜，就必须用最擅长的方式来打球，将场上的节奏牢牢控制在自己手上，也就是人们常说的打顺风球。在掌握节奏的情况下，球队哪怕落后很多都能成功翻盘。一些普通球队能够在球场爆冷击败那些实力更强的球队，正是因为牢牢掌握了球场上的势。可见，任何时候，对势的掌控都会让自己处在有利的位置，为赢得胜利打下基础。

战场风云变幻，势无常形。作战双方在势的比拼上，不是东风压倒西风，就是西风压倒东风。任何方面的强势和弱势都不是绝对的，完全取决于和对方的比较。因此，将领在分析自身优势，并试图以此占据战场之势的时候也应该了解和分析敌方的具体状况。以免误判形势，因此而失势。睿智的将领通常会将军队自身的特点作为一种优势，并以此作为战场中的抢夺势的资本，也就是人们常说的“造势”。

但是，如果这种优势到敌方那你成了劣势，就很可能给战争带来不利影响。所以说，将领在作战时不能只看到自己一方的优势，也需要了解对方的优势，如果自己优势的方面不如敌方，就应该避免这样的竞争，否则必然失势。例如有的军队平时以作风强悍、敢打敢拼著称，将领通常以此作为战场夺势的资本。但是，一旦对方军队作风更加彪悍，如果还是用这种方式和对方硬拼，不但不能赢得势的争夺，还会导致军队防守薄弱而出现大溃败。因此，在战争过程中，要想夺势、借势，首先就要看清敌我双方的形势。在实力不济时，要放弃正面冲突，懂得抓住敌人的弱点，同时要学会向敌人释放假象，舍小利以达到诱敌的目的，为赢得有利的战争态势创造条件。

解读

生活是加减法，增加自己的气势，减少自己的劣势，取舍之间，自有胜负。

曾有社会学家对事业成功者与事业失败者做过一番调查，结果发现成功者很容易从成功走向成功，失败者很容易因一个失败导致一连串的失败。这种看似没有因果关系的循环却很是耐人寻味。成功者往往给人以自信的印象，他们具备一种成功者特有的气质：不卑不亢、有理有节、永不言败，即使他身处逆境，你也能发觉他所表现出的精神力。失败者则不然，他们即使有良好的资源，也表现得拖沓，不自信，说话畏缩，优柔寡断。

胜者之所以为胜，败者之所以为败，有时候只在于“气势”，所以在任何时候都要“不输气势”。在气势的辅助下，我们就会给自己积极的心理暗示，随时保持冷静和蓄势待发的状态，捕捉战机，一举而胜。这样的气势需要由自己来创造，而想要有一个良好的开端，就要懂得取舍，舍弃那些枝节性的东西。

现实生活既是一个收获的过程，又是一个不断舍弃和付出的过程。这就如一台机器在生产的同时，也在不断消耗着资源。人生活在这个社会上，要想取得巨大的成功，就必须要有长远的发展作为支持。在进入这种发展模式之前，也需要打开一种局面、赢得一个势头。为了这样一个目标的实现，必须要懂得舍弃。

索尼是世界知名的电子消费品生产企业，尤其是相机这一产品在世界上首屈一指。索尼公司对一次问题商品的处理，不但圆满解决了生产事故带来的麻烦，还再一次向全世界宣传了索尼公司对产品质量的重视和良好的售后服务。事情是这样的：有个客户买了一台索尼相机想去看偶像的演唱会，打开包装一看，发现这部相机竟然缺少零件。他还没有将具体信息反馈给售后部门，索尼公司在该地区的负责人就带着工作人员登门道歉了。不但为这位顾客更换了一台全新的相机，还费尽周折找到了一张客户偶像限量发行的典藏版光碟，甚至索尼总部的高层还为此打了 35 次越洋电话。

本来，作为世界知名的大公司，这些个别的产品问题，只需让客户拿到售后部门去更换，但索尼却舍得花大力气去解决这样的小问题。这些补救措施，不但没有让索尼公司因为质量问题而形象受损，反而因为其努力弥补过错的态度，赢得了各国消费者的信赖。事情在报纸上一刊登，也为索尼做了一次很好的自我宣传。索尼公司长期以来的市场信誉正是来源于其对一些看似细微的问题，都不吝啬用最大的努力去解决。这虽然消耗了大量的精力，但由此建立起来的市场信誉也给公司的长期发展提供了动力，这就是造势，就是舍小利得大利。

要想在任何领域获得胜利，首先就必须创造胜势。拥有了胜势，才有可能获得长胜和大胜。所以说，不管是个人还是团体，舍得之道既是一种处世的哲学，也是一种做人做事的艺术，更是一种大智慧。有舍有得，不舍不得，大舍大得，小舍小得。舍得不是计较日常的得失，而是具有对已得和可得的东西进行决断的情怀和智慧，同时也是为了获得长远和重大利益做出的铺垫。

兵势篇（四）

原典

孙子曰：故善战者，求之于势，不责于人，故能择人而任势。任势者，其战人①也，如转木石。木石之性，安则静，危则动，方则止，圆则行。故善战人之势，如转圆石于千仞之山者，势也。

注释

①战人：指挥军队作战。

译文

孙子说：所以，善于作战的人，注意力一定会放在形势、态势、气势上，而不是苛责下属，所以他才能选到适合的人才，形成利于自己的形势。善于创造有利态势的将帅，指挥部队作战就如同移动木头、石块那样。木头和石块的特性就是在平坦的地方不会移动，在坡道之上就会滚动，方形的木石不易移动，圆形的则容易滚动。所以说，善于用兵作战的人所创造的态势，就像是让圆石从高山陡坡上滚下来一样，来势汹汹，这就是所谓的“势”。

解析

在战争中要想有必胜的把握，就必须要有势的支撑。在掌握势的情况下，甚至能化腐朽为神奇，最终实现强弱的转换。势虽然有一定的客观性，但也有很大的不确定性。因此“势在人为”，对势的把握既需要对战争有深刻的理解，同时个人的行事作风和性格特质也会对借势和造势产生严重的影响。

从自己一方来看，地形、气候、军队的规模、人员的士气等都是形成势的重要部分。如何让军队占据有利的地形，如何在军队适应的气候下作战，如何在平时体恤下属，以致上下团结，共赴生死，如何在战前鼓舞士气等等，都和将领个人的能力和特质有很大的关系。因此，要想在战场中成功借势和造势，就需要使用相应的将领。

比如，在己方军力较弱，地形易守难攻时，要想赢得战场上的势，就应该任命一位擅长防守的将领，借助有利地形进行防守，先消磨敌人的锐气和有生力量，再伺机进行反击。如果派一位进攻型将领去指挥作战，哪怕有好的地形他都不会运用，在军队规模处于弱势的情况下，如果以攻对攻，战争还没开打士兵就会有压力甚至恐惧，一旦进攻受挫，士兵就会变得恐慌，一场大溃败也许就在眼前。

士气是战争中势的重要组成部分。一个军队的士气除了和当时的战争环境有很大的关系，将领平时的带兵思想也会对军队的士气有很大的影响。但是，战场上的势不能苛求士兵去创造，必须要由合适的将领来承担。毕竟，势是战场的宏观环境，很难通过一个个士兵群体性的微观行为来实现。不仅是军队，社会的其他组织机构同样如此。没有特别差的人才，关键是能不能用到最需要他的岗位上去。只有做到了人尽其才，一个团体才能展现出最强的竞争力，在任何的竞争中都所向披靡，势不可挡。

解读

拥有好的领导是一个团队取得成功的开始。

一个乐队能够奏出和谐的乐曲，拿着指挥棒的人发挥着重要作用，他要了解每一位乐手的特点，要调动所有乐手的感情，要引领旋律，制造氛围，让乐手跟随他激情洋溢，也要让观众在他的带动下领略乐曲中的世界。指挥、协调、造势，这就是领导者的作用，也是衡量一个人是否有领导能力的重要指标。

对于一个团体来说，好的领导至关重要。所谓领导并不单单指那些位居高层的主要领导，还包括每一个阶层的小领导，这些人是团体中的骨干人才，团体能否达成某个目标，靠得是他们的指挥能力。战场越大，主帅就越没有办法兼顾，他能做的就是发掘人才，任用人才，让每一个更小的团体在这些人才的带领下取得成果，各个小团体齐头并进，带动整体的发展。

企业的发展正是如此。作为企业的管理者来说，获得好的人才是每个人梦寐以求的事情。原因很简单，事在人为，任何事情都需要人来完成。人们对人才之于企业的重要性，用了“有人则企，无人则止”的形象解析。但让很多企业家苦恼的是，社会上的人才太难找了。有的企业月月招人月月换，总是难找到合意的，这透露出管理者们在人才观上的误区。

人才的发现不是一蹴而就的，就算有伯乐的才能，千里马也不是天天都有。“发现人、培养人、成就人”才是正确的企业人才观。每个领导者都应该懂得：人才是自产的，需要发现和培养，原因很简单：首先，现成的人才成本太高，数量也少，市场各大小企业人才争夺太过激烈，僧多肉少，要想充分满足企业的发展需要，就必须自己培养；其次，每个行业甚至每个企业都有其个体的特殊性，那些其他行业或者其他企业的人才不一定拿来就能用，有可能出现水土不服的现象，即古人说的：“橘生淮南则为橘，生于淮北则为枳。”每一种事物都具有特殊的规律，人才同样如此。这不是人才的个人能力有问题，而是不同的环境，他先前积累的经验用不上，能力也不一定发挥得出来。

因此，作为企业管理者，必须要懂得用人规律，量才而用，合理安排岗位，让人才的个人特质能够不受压制，个人能力才能达到最大限度地发挥。发现了人才，将他们培养出了相应的能力，如何让这些人将能力发挥出来，为企业的发展服务又是一大难题。由此可以看出，企业的人才体系必须要有相应的配套服务。不仅是发掘和培养，在使用上更需要有相应的措施来进行配合。

例如，人才的激励机制。企业培养出了一个人才，就必须要让这个人才觉得在企业干是有钱途和前途。重赏之下必有勇夫，只有合理优厚的待遇才能让人才尽显其能，为企业的发展出力。

另外，还要有合理的人事升迁制度，不能论资排辈。让那些老油条占着位置不干事，下面的人才被压着出不了头，这会让他们不满而心生去意。

用一个庸才来领导一帮人才也会限制人才能力的发挥。所以适当地进行人才的流动和岗位竞争，既能为企业的发展不断注入新鲜血液，又能让现有的员工产生一种忧患意识和竞争意识，有利于调动员工的工作积极性。

总之，对人才的准确发现、精心培养和正确使用，考验的是企业管理者识人用人的能力，同时也是对行业和企业的认知能力的考验。这是因为，对人才的发现和培养是建立在对企业发展规律的深刻理解基础上的，只有全面深刻理解企业的发展现状、发展方向、每个岗位需要为企业的发展提供什么样的帮助，才能在人才的选拔培养上做到有的放矢。不管白猫黑猫能抓老鼠的就是好猫，不管是“十字型”人才还是“一字型”人才，只要能适应企业发展的就应该得到发掘和培养，再加上适当的岗位安排，就能成为企业竞争中的造势者。

第六篇　虚实篇

虚实篇（一）

原典

孙子曰：凡先处战地而待敌者佚[1]，后处战地而趋战者劳。故善战者，致人[2]而不致于人。能使敌人自至者，利之也；能使敌人不得至者，害之也。故敌佚能劳之，饱能饥之，安能动之。出其所不趋，趋其所不意。行千里而不劳者，行于无人之地也。攻而必取者，攻其所不守也；守而必固者，守其所不攻也。故善攻者，敌不知其所守；善守者，敌不知其所攻。微乎微乎，至于无形，神乎神乎，至于无声，故能为敌之司命。

注释

①佚：通“逸”，安逸、精力好。

②致人：调动敌人。

译文

孙子说：凡是抢先到达战场等待敌军的一方就会安逸，占据先机，后到达的一方则会被动、疲劳。因此善于用兵的人会抢占先机，而不是被敌人牵制。想让敌人自动进入预设的战场，那么就要抛出诱饵；若敌人想前来却不能前来，那是各种困难、障碍的缘故。所以说，如果敌人抢占先机，处军安逸，就要想办法消减对方的气力，如果地方粮草充足，就想办法让对方粮草匮乏，如果敌人按兵不动，就要想办法让对方移动。可以攻击敌军防守薄弱的环节，在敌方意想不到的时间进行突袭。行军千里却感受不到疲累，是在没有敌人围剿追击的地方；进攻必然能够胜利的，是在敌人没有严密防守的地方；防守最稳固而敌人不能攻破的，一定是敌人会进攻的地方。所以说，善于进攻的人，能够做到攻其不备；善于防守的人，能够让敌人不知该如何进攻，在哪里进攻。又深奥又精妙，以至于没有踪迹可寻；又神奇又玄妙，以至于听不到任何消息。所以才能主宰敌人的命运。

解析

战争的胜负就在于交战双方的制与反制，必须以制敌来获得战争的有利条件，帮助军队抢占战场先机。只有在战争中做到以逸待劳，先发制人，才能稳步迈向成功。因此，在交战之初，我们应该使用各种方法来实现主场作战。抢占有利地形，然后以逸待劳，这样既能让士兵有充足的时间休息，做好防御，同时熟悉周围的环境，让军队能够在熟悉的环境中作战，便于现场的随机应变。

争取战争主动一直是兵家追逐的目标，主动地位的获得既需要本方军队的充分准备，先敌而动，又需要通过制敌来完成。例如通过沿途骚扰迟滞敌人的推进，频繁地偷袭让敌人陷入疲劳等等。在赢得先机的情况下，要想赢得最后的胜利，还需要做到料敌于胸，无论是攻防都能成功压制对手。

当然，战争的胜负是受多方面因素影响的。因此，在制敌时，要充分了解这些因素，并利用各方面的情报，来判断如何制敌，让敌军的战争要素变得不利。在战争中，双方到达战场的先后、兵力众寡、装备优劣、军心凝聚力、士气高低及部队的劳逸、军纪的严谨度等等，都是影响战争胜负的重要因素。

要想赢得战争，就要在充分了解战场信息的情况下，积极发挥将领的主观能动性，破坏敌人的有利因素，让敌军由先变后、由逸变劳、由治变乱、最终由强变弱，为取得胜利创造有利的条件。作为战争的参与者，将帅的高明之处体现在对主动权的争夺能力上，战争不是简单的二大于一的数学游戏，而是交织着复杂因素影响的动态化进程。要想让战争向有利于自身的方向发展，需要将领抓住机会发挥主观能动性，成功实现制敌而不为敌所制。

解读

美国著名的“钢铁大王”安德鲁·卡内基曾经说过：“在这个世界上，有两类人难成大器，一种是那种总是扮演被动执行者，除非有人命令他去做，否则他是绝不会主动去做的人；另一种就是即使有人让他做，也做不好事情的人。”

从现实来看，一个有主动精神的人，总是能带着积极心态去应对那些需要解决的问题。因为有所图，有所想，有所为，他的主观能动性就会在克服困难的过程中得到充分发挥，也正是如此，他的个人能力才会得到完全、甚至超水平发挥；而那些被动的执行者却恰恰相反，他们没有主动精神的支撑和指引，只懂按部就班，看到困难就想到退缩或依赖他人解决，常常陷入消极。由此可见，没有主动精神，一味消极等待，只会让成功和我们擦肩而过。纵观古今，横看中外，成功之人也许成功的方式不同，但莫不是积极主动的人。

时代飞速发展，一个领域的产业从萌发到发展到充满竞争的成熟期，都只需要很短的一个周期。因此，我们必须有适应这种快节奏的心态，懂得如何调整自己，让自己能够跟上时代。主动出击很重要，很多人总喜欢躲在先行者的背后，以为这样就能让自己可进可退，立于不败之地。但是等那些先行者获得成功之后，我们的机会已经没有了，即使有也是大家挤破了头在进行争夺，而先行者已经在金字塔尖，可望而不可即。任何事情都是这样，被动就会失去先机。

任何机会都在转瞬之间。因此，主动既代表一种前瞻能力，也是一种勇气和决断。诚然，主动出击、敢为人先既能够赢得更多的机会，同时意味着承担更大的风险。但现实环境就是如此，主动出击有可能会失败，被动应对注定不会成功。一个有主动性意识的人，哪怕在一次竞争中失败了，他还会拥有更多成功的机会，因为机会总是给那些有准备的人，懂得抓住机会主动进攻的人无疑为赢得成功争取了更多机会。

联想集团是目前全球最大的 PC（Personal computer，个人电脑）生产厂商。但是在进入 21 世纪之后，联想却面临了国内竞争激烈、国际市场又难以打开的艰难局面。在创新方面，联想集团又乏善可陈，只能跟在 IT 巨头英特尔和微软后面当小弟。联想还曾有这样一个尴尬的窘境：直到 2002 年之前，联想还不具备独立生产笔记本电脑的能力。严峻的发展形势将联想逼到了墙角，处在危急关头的联想集团没有坐以待毙，而是主动出击，收购了 IBM 的个人 PC 业务，这一举措不但让联想一跃成为国内首屈一指的 IT 业巨头，世界第二大 PC 制造商，还使联想集团依靠 IBM 的商誉平台一举打开了国际市场。

每一个成功案例都能给聪明人启迪，任何时候，我们都需要对未来的机遇拥有敏锐的嗅觉，而不是随波逐流，看着别人干什么自己就做什么。行动迟缓的人难有出头之日，只有不断寻找机会的人才能冲上前沿，为自己赢得更加宽广的发展空间。这就是“不致于人”的真谛。

面对变化莫测的前途，很多人选择保守安逸，以风险控制为一切行动的价值标准，他们看似得到了一个安全的发展环境，但实际上却会因为行动迟缓而给自己带来更加恶劣的竞争环境，最终让自己远远落在他人后面，成为被淘汰的人。

虚实篇（二）

原典

孙子曰：进而不可御者，冲其虚也；退而不可追者，速而不可及也。故我欲战，敌虽高垒深沟，不得不与我战者，攻其所必救也；我不欲战，画地而守之，敌不得与我战者，乖其所之①也。故形人②而我无形，则我专而敌分；我专为一，敌分为十，是以十攻其一也，则我众而敌寡；能以众击寡者，则吾之所与战者约矣。吾所与战之地不可知，不可知，则敌所备者多；敌所备者多，则吾所与战者寡矣。故备前则后寡，备后则前寡；备左则右寡，备右则左寡，无所不备，则无所不寡。寡者，备人者也；众者，使人备己者也。故知战之地，知战之日，则可千里而会战。不知战地，不知战日，则左不能救右，右不能救左，前不能救后，后不能救前，而况远者数十里，近者数里乎?

注释

①乖其所之：改变敌人的行军方向。乖，背离。

②形人：使敌军暴露。形，使动词。

译文

孙子说：让敌人无法防御的人，是进攻敌方守备羸弱之地；撤退而让敌人追击不到的人，是速度快到让对方无法追击。所以，我方想要交战，敌人就算是建了高墙、挖了深沟，也不得不出来和我方交战，是因为我方攻击了他们必须挽救的要害；我方不想交战，就算没有修筑防守工事，只是划界为守，敌军也无法冲破防线交战，因为我方用计改变了敌人的进攻方向。所以，要让敌人暴露出实际情况，我方则保持隐秘状态，如此我方兵力才能集中，敌人兵力就会分散。我方兵力集中在一点，敌人的兵力分散成十部分，我方就是以十敌一。如此就显现出我众敌寡的态势，在这种情况下，我方所面对的敌兵数量就非常有限了。敌军不确定我方设定的战场在哪里，为了防备就会在各处布置力量，防备的地点越多，一个地方的兵力就越少。所以，增强前方的守备，后方的守备就薄弱，重点在左侧布兵，右侧的兵力就不足，将重兵布在右边，左边就兵力不足，若每个地方都布兵，那么每个地方的兵力都会很弱。敌方兵力不足，是因为处处都要设防；我方兵力充足，是因为让敌手处处都要设防。所以预先知道作战的地点和时间，就能够安心奔赴千里之外作战；而不知道这些信息，那么就会顾左顾不了右，顾右顾不了左，顾前顾不了后，抑或顾后顾不了前。何况部队离大本营远的有几十里，近的也有好几里呢！

解析

虚实之道，是战争过程中最巧妙、也最难以运用的伐谋之术。战争是一种斗勇的游戏，更是双方将帅智谋的较量。用好虚实，可以在敌人面前成功地隐藏自身实力和战争意图，让双方的战争成败最大限度地摆脱人员规模这些硬实力的决定作用，将人类战争真正上升为高智商类游戏。为以少胜多、以弱胜强提供了更为广阔的平台。

当虚实之道用到极致，将帅就能在战场上点石成金任意挥洒。一代明君唐太宗李世民不但是治国理政的高手，也是带兵打仗的能人。在长期征战的过程中，唐太宗对孙子兵法尤其是其中的虚实伐谋的重要作用深有体会。唐太宗说："观诸兵书，无出孙武。孙武十三篇，无出虚实。夫用兵识虚实之势，则无不胜焉。"不仅是唐太宗，后世兵家善谋之士无一不是善用虚实的高手。昔日诸葛亮唱空城计吓退司马懿；曹操乌巢劫粮；齐魏桂陵、马陵之战；毛主席用疑兵调动敌人而四渡赤水，都可以说是善用虚实的经典案例。

疑兵之计是兵家伐谋最常使用的手段，疑兵做到精妙处时，既可以在无兵、少兵的情况下让敌人感到草木皆兵，在心理上占据强势；又能通过疑兵来掩饰自己真正的战略意图，牵制敌人来实现真正的战略意图。总之，用兵的虚实既考验将领对敌军信息的了解程度，包括对敌方将领个人信息的掌握，同时还考验了将领对战场阅读的能力。

疑兵要用到点子上，必须要结合战时的具体情况，不能本末倒置。在战场上，"兵不厌诈"，真真假假，虚虚实实，让对方捉摸不透；在商场上，与某些竞争对手交往，运用此谋略，往往能取得意想不到的效果。

解读

但凡成大事者，胸中自有沟壑。这既是一个人有智慧的体现，同时又是一种善待他人保护自己的处世之道。人虽然比一般的动物具有更强的环境适应能力和群体社交能力，但人还是不可避免会潜藏一种动物的本能，那就是在陌生的环境下会有较强的戒备感。这也许就是人与人之间要建立人际关系需要相互沟通交流的原因。人与人的沟通需要大量的信息来实现彼此的了解，让双方处在一种熟悉的环境下，进而放下戒备心理，避免排斥心理。

交流是必需的，但自保同样是个人发展的重点。必要的自我信息保留是必需的，如果一个人心里藏不住一根针，什么事情、什么想法都要跟别人说，那么，这并不一定会给自己带来好处，反而会因此成为潜伏在我们周围的竞争对手的把柄。毫无保留生活习惯可能会给我们带来巨大的隐患，对手随时都可能抓住我们的弱点，给我们致命一击。另外，即使从社交这个角度来看，拥有自己更多的秘密也会给周围的人保持一定的神秘感，尽管这看起来不够坦诚，但是这种神秘感同样也是一种强大的吸引力。

在现实生活中，我们经常会看到一些人自恃才高，平常的言行锋芒毕露、异常高调。这样的人往往容易成为众矢之的，也很容易被潜在的对手算计。不但不能让自己的成功路上多一些帮手，反而会因为树大招风而前路坎坷，遍地荆棘。因此我们可以看到，行为锋芒毕露几乎是年轻人的专利，那些年纪稍长者几乎都懂得很好地隐藏自己的计划和意图，至少能让自己在成功的道路上少一些阻碍。

隐藏自己的人，大多曾是不懂得隐藏自己的受害者，老成持重也是经历风霜之后的沉淀。只有懂得隐藏自己的心机，才能更好地保护自己，让成功的路上少一些羁绊。

在竞争中，我们更要学会隐藏自己的意图，确保自己能够处在一个主动有利的位置上。同时，通过向对手释放一下虚假信息，实现调动对手的目的。通过诱敌调动的方式来分散对手的精力和力量，为自己的进攻找到突破口，那么，即使面对再强大的对手，我们都能有获胜的机会。

一个人生活在社会上，个人隐私就是一张人格面具，我们隐藏得多一些，能够被人们捕捉到弱点的风险就小一些。正如各种策略都建立在双方信息充分了解的基础上一样，如果诸葛亮空城计的对象不是生性多疑的司马懿，而是一个只知道冲锋陷阵的莽夫的话，恐怕诸葛亮不但难凭空城计退敌，还可能有性命之忧。所以，了解对手，隐藏自己，是我们必须具备的技能。

不过，凡事缄默同样会让人们提高提防之心，反而让事情更加不顺利，而且会造成沟通障碍。所以，我们既要交流也要保留，保留那些最重要的，余下的部分可以与人多沟通，并在沟通中得到情报，了解他人动向，甚至必要时给人以误导，掌握保留与交流之间的尺度，这样才能让我们始终在社会群体中往来自如，并在竞争中抢占先机，立于不败之地。

虚实篇（三）

原典

孙子曰：以吾度[①]之，越人[②]之兵虽多，亦奚益于胜败哉？故曰：胜可为也。敌虽众，可使无斗。故策之[③]而知得失之计，作之而知动静之理，形之而知死生之地，角之而知有余不足之处。故形兵之极，至于无形。无形则深间不能窥，智者不能谋。因形而错胜于众，众不能知；人皆知我所以胜之形，而莫知吾所以制胜之形。故其战胜不复，而应形于无穷。

注释

①度：音“夺”，揣度。

②越人：越国。

③策之：根据实际情况进行合理的事前谋划。

译文

孙子说：根据我的揣度，越国的兵力虽然强盛，但对胜利一点优势都没有啊！所以说：胜利是可以造就的。敌国就算兵力强盛，也可以让对方没有战斗力。因此根据实际情况事先进行谋划可以知道敌手的优劣得失；通过挑衅敌人，可以了解对方的行动规律；通过佯攻，可以搞清楚敌人不能破的命脉；通过战斗侦察，可以了解敌人部署的虚实情况。所以说，最高明的兵力部署，应该看不到任何痕迹破绽；这样一来，就算是在我方隐藏最深的间谍，也无法掌握我军的计划动向，再聪明的敌手也想不出战胜我方的好计策。根据分析敌情灵活作战赢得的胜利，就算结果摆在人们面前，众人也不能理解。人们都明白我用了什么样的方法取得胜利，却搞不懂我是如何运用这些方法制胜的。所以制胜的方法不能一味重复，而应灵活地变换应用。

解析

在战争中，一切环境都在不断变化，真正不变的唯有变化。战争是考验体力和脑力的综合性集体行为，而其中脑力活动被那些优秀的军事家们看作是制胜的法宝。孙子兵法中一直在强调伐谋，而战术创新就是伐谋的重要内容。

战争的过程也是双方进行信息收集的过程，任何的保密工作都难以做到真正的保密。要想让对方搞不清你的作战意图，最好的方式就是战术的灵活多变。这既能做到信息的保密，同时也让对方难以采取有效措施。

除了自身做好保密工作之外，还要有针对性和有目的性地引诱敌人暴露自己的战略目标，以便采取有针对性的制胜措施，这也是赢得战争的重要因素。例如第二次世界大战的美日中途岛之战，美国以中途岛缺淡水的信息让日军暴露了战争意图，使他们做好了充分准备，并为赢得这场关键性胜利创造了条件。所以说，在战场上以释放假象来进行诱敌是获得敌人信息、隐藏自身真实状况的重要手段，也是赢得战争胜利的关键举措。

解读

培养应变能力，就是增加获胜资本。

我们每个人在生活中都会迎来很多的未知，对于这些挑战，有针对性地灵活应对是正确的解决方式。应变能力是当代人应当具有的基本能力之一。在当今社会中，我们每个人每天都要面对比过去成倍增长的信息，如何迅速地分析这些信息，是人们把握时代脉搏、跟上时代潮流的关键。它需要我们具有良好的应变能力。另一方面，随着社会竞争的加剧，人们所面临的变化和压力与日俱增，每个人都可能面临择业、下岗等方面的困扰。努力提高自己的应变能力，对保持健康的心理状况是很有帮助的。

做一个变通的人，需要“变”也需要“不变”，对个人来说，最大的不变就是永远不要让对手察觉到自己的真实意图，永远不要把自己的谋略暴露在对手面前，保密工作做得好，变化起来才能得心应手。在个人的发展过程中，会遇到许多意想不到的新问题，这就需要我们培养自己的应变能力，能灵活地适应各种环境的变化，做出相应的决策。

冷静地观察我们所处的环境和我们面临的对手，通过不断地分析，我们既能够察觉环境中的陷阱，小心绕过，又能在环境中搭建平台，适时飞跃，这就是灵活应变的能力。顺应和改变，都来自长年累月的观察和思考。同理，对于竞争对手，我们也要观察到位，明白其优点缺点，推测对方的动向，进而确定自己的下一步行动。

了解环境与对手的同时，更要对自己的能力和处境有深入的认识。要知道在你观察别人的同时，别人也在用尽一切办法揣测你，你不需要一脸高深莫测，但一定要让人无法察觉你的真实意图，才能最大限度地保护自己。如何能做到无懈可击？这需要“不走寻常路”，也就是善于出其不意。

拥有强大创新能力的人才，最能够让竞争对手猜不透他的下一步的计划是什么，他在明天又将达到一种什么样的高度。这样的人让敌人猜不到应对的办法，只能被牵制，达到了“无招胜有招”的境界，便不可战胜。

虚实篇（四）

原典

孙子曰：夫兵形象水，水之行避高而趋下；兵之形避实而击虚。水因地而制流，兵因敌而制胜。故兵无常势，水无常形；能因敌变化而取胜者，谓之神。故五行①无常胜，四时无常位，日有短长，月有死生②。

注释

①五行：指金、木、水、火、土五行，古人认为五行是组成世界的物质基础。

②月有死生：指月亮的阴晴圆缺的变化。

译文

孙子说：用兵时的规律就像流水一样，水的习性是在流动时避开高处，然后向低处流动，用兵也应该如此，避开强兵，攻击敌方的薄弱环节；水的流向受地形和地势的制约，用兵打仗也应该根据敌方的情况来采取自己的对策。所以作战没有统一不变的形势，就像流水没有固定的形状和去向一样。能够根据敌方的变化而取胜的，方为用兵如神之人。因此，五行相生相克，没有长盛不衰的一方；四季更迭交替，没有固定不变的季节，白昼也长短不一，月亮也会有阴晴圆缺。

解析

战争作为人类最复杂的一种行为，整个过程都是处在发展变化之中的。因此，孙子在告诫用兵的将帅，要用发展和变化的眼光灵活地阅读战况，抓住战场上最有利的时机，达到最佳的进攻效果。只有这样，才能确保自己的判断能够符合战场时局的变化，临场指挥能够符合赢得战争的要求。

这种治兵如水的追求，正是兵家对战争状态的深刻理解。战争虽然是一种大规模的人类活动，但其结果却是众多细微因素共同影响导致的。同时，这些因素大多处于变化之中，正因为如此，战争形态的流动性就难以避免。如果总是用一种定势去指挥战争，就会让自身的意识无法跟上战争的节奏，甚至给临场指挥带来负面影响。很多指挥官说起战争理论时滔滔不绝，但在战场上却一败涂地，正是因为他们盲目地崇拜前人理论经验，临场指挥时生搬硬套所致。这就是人们常说的“纸上谈兵”。

战争动态性的依据是什么？这与参与主体也就是士兵的动态性有直接关系。作为这个星球上最复杂的种群，人类是所有动物中最善变的种类。这种变化又受多种因素的影响，例如天气的好坏，补给是否充足等等，都可能影响到士兵的心理，进而会影响到士兵作战的决心和意志，接下来会影响武器的操作使用、团队的配合，甚至将帅号令的执行力。在这些发生改变的过程中，整个战争的走势也在相应发生着变化，战争的变化由此而来。如果看不到这种主客观因素相互影响，察觉不到敌我双方的变化，就不能真正判断战场形势，也不能从相关的细微处入手，来防止这些因素向不利的方向发展。就如一个将领如果不能把士兵看作是一个个活生生的人，而只把他们当成不怕死的战争机器，哪怕再严厉的纪律都难以防止士兵的变化，当士兵对主帅的怨恨积累到一定程度，就会造成厌战、懈怠、逃跑甚至哗变。所以，在注意敌方变化的同时，也要时刻留意我方的变化。

解读

变化无处不在，变通无敌不克。

这个世界无时无刻不在发生变化。正因如此，若要客观真实地看清这个世界，就必须认识并尊重这些变化的存在。强调用发展变化的眼光看问题，是人类认识世界和改造世界的立足点。中国古时候就有“刻舟求剑”这样的寓言，用来讽刺那些不懂得用发展变化眼光来看问题的人。这样的人先入为主，一成不变，无法认识到每个阶段的真实情况，不能正确客观地观察现实环境，更不能采取正确的方式来解决问题。

职场如战场，在这个竞争激烈的社会，所谓稳定安逸的工作环境并不存在，社会、市场、职场都是处在发展变化中的。如果意识不到这种变化的客观存在，我们就可能被淘汰。当然，一个习惯朝九晚五，按部就班地生活的人，很难去察觉环境的微小变化，只有那些有发现力的人，才能最早捕捉到实际，为自己寻找广阔的发展舞台。

我们的生存必须依靠物质基础，而我们的追求也和物质脱不了干系，这就注定我们为了利益，需要满足他人的需求，然后才能达到我们的目的。需求方包括我们的老板、我们的公司、我们的竞争对手或合作者，甚至包括我们的家人、朋友、爱人，这些因素也不是一成不变，我们唯有及时察觉对方的变化，才能有相应的对策，保证生活的顺利。

为了适应他人的变化，我们只能要求自己改变得及时。要想能够得到快速发展，就需要用变化的眼光来看待他人需求的变化。这些需求必须要来自生活，要从现实的生活中去发现，而不是任何一本相关的书籍。就像一个企业想要占领市场，需要的不是想当然的创新，而是对消费者需求的细致入微的观察。

索尼公司是当今世界知名的电子产品生产企业，尤其是数码相机，几乎成了索尼公司的符号。但是随着社会的不断发展，相机的市场也不断萎缩。其中的一个很重要的原因，就是手机功能的多元化让手机和相机的功能产生了重叠。当消费者只要用手机就能满足拍摄时，便宜且方便携带的手机就成了相机的替代品。因此，长期以相机生产为主的索尼公司销售额近些年一直都在低谷中徘徊，而且因为公司在手机领域的发展比较滞后，研发能力还不够强，其手机业务也面临苹果、三星等行业巨头和主打廉价低端手机产品的击杀。不出意外，索尼公司将在转型和爬坡的过程中经历一个漫长的阵痛期。这一问题的出现，和索尼公司没有动态地认识到市场需求变化，做出相应的产品调整有很大关系。

同理，如果我们不能意识到他人心理上的变化，就不可能长久地了解并维护任何一种人际关系。不要去妄想用自己的思维来引导甚至强行改变他人的习惯，只有接受并尊重他人的个性和需求，才能让双方和平发展。如果只相信自己的判断，只相信自己的一面观察，就是闭门造车，关起门来想问题。哪怕你再聪明，也可能做出完全不符合事实的决定，导致步步荆棘、处处坎坷。

第七篇　军争篇

军争篇（一）

原典

孙子曰：凡用兵之法，将受命于君，合军聚众，交和而舍①，莫难于军争。军争之难者，以迂为直，以患为利。故迂其途，而诱之以利，后人发，先人至，此知迂直之计者也。故军争为利，军争为危。举军而争利，则不及；委军②而争利，则辎重捐③。是故卷甲④而趋，日夜不处，倍道兼行，百里而争利，则擒三将军，劲者先，疲者后，其法十一而至；五十里而争利，则蹶上将军⑤，其法半至；三十里而争利，则三分之二至。是故军无辎重则亡，无粮食则亡，无委积则亡。故不知诸侯之谋者，不能豫交⑥，不知山林、险阻、沮泽之形者，不能行军，不用乡导者；不能得地利；故兵以诈立，以利动，以分和为变者也。故其疾如风，其徐如林，侵掠如火，不动如山，难知如阴，动如雷震；掠乡分众，廓地分利，悬权而动。先知迂直之计者胜。此军争之法也。

注释

①交和而舍：两军靠近建立营房对垒。和，古代称军门为和。

②委军：轻装部队。

③捐：丢弃。

④卷甲：将铠甲卷起来行军，意指轻装前进。

⑤厥上将军：使前军将领失利。厥，跌倒，本文指失败。

⑥豫交：与之结盟。豫，通“与”。

译文

孙子说：但凡用兵作战，原则是将帅接受君主的命令，然后召集军队，安营扎寨，赶赴战场与敌军交锋，最难的莫过于抢占先机了。两军对峙取得先机的难处，就在于将迂回的路线改为直线，将不利的因素转换成有利因素。所以采取迂回进攻的方式进发，然后用利益诱惑敌人，这样就算进发在后，也能比敌方先到达，做到这点，就是懂得以迂为直的策略了。两军对峙为了抢占先机，也有危险的一面。带着所有的军备物资去和敌人争抢先机，那么行军速度必然迟缓，无法先于敌人到达；而丢弃军备物资来抢占先机，那么军备物资就会损失。所以，卷起铠甲快速行军，不分昼夜地赶路，奔赴前线去抢占先机，这样三军的首领更有可能全被俘虏。如果让身强力壮的士兵先行到达，那么体弱劳累的兵士就会掉队，这样一来，抢占先机的兵马就只有十分之一；如果行军五十里去抢占先机，那么先头部队的将帅定然会折损，如此只有一半的部队能够赶到；行军三十里抢先机，也只能保证三分之二的兵力到达战场。所以说，没有军械装备部队无法成功，没有粮食草料军队无法生存，没有战备物资军队会失败。因此，不清楚各诸侯国的计策图谋，就不能与其结盟建交；不熟悉山林、险阻、沼泽等地形信息，就不能行军；没有使用当地向导，便无法获得有利地形。所以说，用兵作战凭借的是诡诈的办法获胜的，应该根据对我方有利与否而采取行动，根据实际情况决定兵力的分散于集中。因此，迅速行军时就要向狂风过境一般；缓慢行军时就要像严整的森林一样保持队形；发动攻击时要如燎原之火一般；坚守阵地时要如同岿然不动的高山；隐蔽时要如同被乌云遮盖的天日；大军出动时，要有雷霆万钧之势。在收缴对方财物的时候，要分头行动，扩展疆土的时候要分兵把守要地，在一切行动之前，都要先权衡利弊。事先明白以迂为直计谋的一方便能取胜，这就是战场上抢占先机的原则。

解析

孙子在兵法中提到了用迂回来代替直行的行军思想。在行军过程中，迂回看似是在绕道走弯路，但它往往能带来直行所达不到的效果。曲与直、患与利看似是一组对应关系，但是战场的现实状况却可能让这两对关系出现“交叉对应”。也就是说，我们的常规意识看来，在战争中，直行能够让军队更快速地到达预定战场，节省时间和路上消耗。但是战场的现实状况往往会颠覆这种观点，直行军会因为碰到敌军阻碍而进展迟缓，损失惨重。前队太快，后对跟不上，以致不能全面投入战争力量。

而迂回的行军方式则可能避开敌人，同时能保证有充裕的时间等待后勤补给部队的抵达，让军队能够做好充分准备全面投入战斗。任何战争行为都应该以赢得战争胜利为唯一的行动指针，如果在行军时一味求直求快，往往会适得其反。因此根据战场形势，巧妙地实施迂回行军，能够避开敌人的锋芒，降低大战之前的对抗强度，在敌人没有防备的情况下顺利达到预定目标。这时的迂回就成了更快速、直接和有效的行进方式了。

孙子强调的这种曲直行军的合理运用，正是站在战争全局的角度来考虑的，只有从全局出发，才能选择正确的行动路线和方法。第二次世界大战时，法军自以为有马其诺防线这道铜墙铁壁，可以高枕无忧。西部沿海的一个缺口有阿登山区作为天然屏障，法军判断以机械化快速机动的德军不会从这里通过。所以将部队都放在了外围。但是德军正是从阿登山区迂回到了马其诺防线的后面，还没等法军反应过来德军就已经兵临巴黎城下。

德军翻越阿登山区虽然费时费力，但正是用这种迂回行军的方式，避开法军铁拳直插其心脏，让强大的法国军队不战而降。实际上，这种迂回之道不仅仅能运用在行军上，更是可以当成一种处世之道。古今中外，很多的成功人士莫不是用这种方式来韬光养晦隐藏自己，等待时机给敌人以致命一击。

解读

迂回，就是趋利避害。

世界总是处在一个螺旋式或者波浪式的上升过程，事物的发展都是前进与曲折的统一。因此，我们在处理问题的时候，总会发现问题反复出现，时难时易，想要达到目标，就必须对或沉重或琐碎的困难有充分的心理准备。而对那些难以解决的问题，没有必要一味硬碰硬，要懂得绕障碍，或者花更多的时间，甚至要准备走弯路和经历挫折。只有这样才算用正确的方法和心态来解决问题。

事事不易，天真的人总把事情想得容易和简单，做什么事情都是直奔主题，总想着能手到擒来，一旦遭遇阻力可能还不撞南墙不死心，总是硬碰硬地去解决。更有甚者遭受挫折，出现心理失衡，丧失信心。在碰到难题时懂得宛转迂回，退中求进，才是人生的大智慧。

迂回既是一种战术，同时也是一种为人处世的哲学。以大局为重，从全局的角度来决定应对的方式，才能给我们的成功带来助益。一帆风顺固然极好，但能委曲求全更是难得。毕竟，人生不可能总是一帆风顺，当碰到艰难的问题时就要懂得委曲求全。虽然表面上可能会让人觉得没面子，但是一旦事情成功了，委曲求全者依然是受到尊重的赢家，这种胜利既能带来实实在在的好处，还能赢得更大的面子。

相反，如果一个人总是将自己的面子放在第一位，做什么事情都昂首挺胸，到最后可能不主动弯腰也会被重压折断。失败之下，面子和里子都会丢得一干二净。这样的处事方式不是一种适应环境的务实精神。历史和现实中的一些成功人士，反而是怀着一种谦卑的心态，遇事冷静沉着，为一切困难做好最充分的准备。他们并没有因为这样的谦卑之心让人看不起，反而通过成就的映衬，闪耀出更光辉的人格魅力。

韩信是中国历史上著名的军事家，他为刘邦打下江山建立汉朝作出了卓越的贡献。但是让后人铭记和敬仰的不是那些赫赫战功，而是他年轻时所受的胯下之辱。当年韩信佩剑走在街上，一个屠户上前来挑衅，说要么从他胯下钻过去，要么两人用剑决斗。思考再三，韩信忍辱从他的胯下钻过。也许当时的韩信受了奇耻大辱，但是和后来的丰功伟业以及万世英名来比，这点羞辱又算得了什么呢？这不但没有成为他人生中的污点，反而因为他后来的成就而成为一生中最璀璨的闪光点。如果韩信当时受不了这个屈辱，和屠户拼个你死我活，那么后面的一切可能都不可能发生了。

所以说，“弯腰”和“绕道”不但不是怯懦者的座右铭，反而是成功者的通行证。很多人都在感叹做人难，感叹事情总是不能轻易解决，这时候就必须要打破常规，甚至改变自己一贯的行为方式。这对一切坚持习惯的人来说，无疑是一种巨大的挑战。很多坚持习惯的人也许会在同样的问题上犯同样的错误，或者遭受同样的失败。而懂得主动去改变，可能你会有暂时的不适应，甚至在成功之前都处在痛苦之中，但当成功到来的时候，你会发现一切的改变都是值得的。

刘备为请诸葛亮而三顾茅庐，虽然劳神劳力还屈了尊驾，但和诸葛亮带来的帮助相比，这点奔波和等待之苦简直不值一提。勾践在吴王夫差面前卑躬屈膝，但那时的他只是一个失败者，即使他昂首挺胸，也不能把掉在地上的尊严捡起来。战胜夫差成为春秋霸主之后，他又一次成为局面的掌控者，这就是现实。

有时候，现实的需要应该是我们行为的准则，也是判断我们行为价值的标杆。我们每天都面临新的考验，都会遇到困难与挫折，一时的挫败并不意味着我们脚下的是一条穷途，我们也绝不是走到了末路。想要前进，也许我们只需要绕一个弯，转弯并不是妥协，更不是逃避，只是再用更好的方式迂回前进。懂得迂回的人在面对任何困难时都可能有多种方式来解决，正如要联通两个点，如果是直线的话就只有一条，而曲线却有无数条。就像生活中的无数的例子表现得那样，急功近利的人往往不容易成功，那些气定神闲者反而会是最后的赢家。

军争篇（二）

原典

孙子曰：《军政》①曰：“言不相闻，故为金鼓②；视不相见，故为旌旗。”夫金鼓旌旗者，所以一人之耳目也；人既专一，则勇者不得独进，怯者不得独退，此用众之法也。故夜战多金鼓，昼战多旌旗，所以变人之耳目也。

注释

①《军政》：古代的一部兵书，现已失传。

②金鼓：古代的战时传令工具。鸣金收兵，擂鼓攻击。

译文

孙子说：《军政》上有言：“战争中用语言指挥，很难听清，因此设置了传令用的金鼓；用手势动作指挥难以被看清，所以便有了用于指挥作战的旌旗。”金鼓和旌旗作用一样，都是让士兵的视听一致，以便进行统一的作战指挥。士兵们既然都统一听从指挥，那么勇者就不会擅自前进，怯懦的人也不会独自后退，这就是指挥众人作战的方法。所以，在夜间作战的时候要多用金鼓智慧，白昼打仗要多用旌旗，这些信号的变换使用，可以让士兵们习惯听从命令，尽快适应。

解析

在战争中，完备的指挥调度制度对实现军队的有效指挥，建立一支战场纪律严明的军队起着重要作用。一支军队的有效调度，就是把将领的个人意志贯彻到每一个士兵。严明的号令也是增强士兵行动的重要保证。在战场上，一支军队的阵容齐整，既是对自身信心的提升，又能给敌人带来强大的心理压力。同时，作战行动的统一也能实质上提升军队的战力，让军队的真实水平得到最大程度地发挥。所以，孙子强调在军队中要建立完备有效的指挥系统，军队无论规模多大，战场情势多复杂，将领都能对每个士兵实现有效指挥。同时，灵活地使用这些指挥工具也能干扰敌人的指挥，将战争的主动权掌握在自己手中。

不仅是古代战场，实际上，后世的各个领域都在建设完备的指挥调度系统方面进行了不断的努力。一套行之有效的指挥系统，是每个领域追求的目标。任何一支具有战斗力的团队都是建立在此基础上的。

孙子在兵法中强调的对军队的有效指挥，正是对战场环境的一种深刻认识。战争是一种有组织的群体性行为，不能依靠士兵的个人意志和决心来实现军队的统一行动，更不能依靠将帅个人威望来实现有效指挥。没有明晰有效的指挥体系，士兵的个人战斗能力再强，也会像乱哄哄的苍蝇一样，各自为战，不能完全展现军队的团队战斗力。孙子对军队有效指挥的强调，不仅对临场指挥的将帅有很强的指导意义，对任何领域的管理人员来说同样有借鉴意义。

解读

一个团队越具备团体意识，越能发挥个人作用。

从远古到现代，人类社会一直都需要通过团队协作来解决个人难以解决的问题。而在现代社会，如何通过有效管理来打造高效的团队，一直是每个团队管理者苦苦追求的目标。正如孙子在兵法中介绍的擂鼓进攻和鸣金收兵的管理手段一样，团队要想实现有效管理，必须要建立一套行之有效的管理制度和方式，确保团队中的每个成员能实现协调和统一。只有这样，才能让团队变得团结高效，在工作当中释放出最强的力量。

要想做到对团队的有效管理，首先就需要做到有效沟通。沟通既是一种信息的传达，也是一种思想上的交流。建立顺畅的沟通机制，团队成员才能了解领导想让他去做什么，进而明白这么做的目的和意义是什么。只有这样，团队中的各个成员的积极性才会被调动起来，在领导者的指挥下，为实现共同的目标而努力。

这一过程，实际上也是现代管理学定义的“管理”。有效沟通除了能让下级明白管理者的命令之外，还能帮助管理者了解团队成员的真实想法，通过更加人性化和更具针对性的方式实现有效管理。在生活中的个人行为不同，团队中的统一协调行动会显得更加“社会化”一些。所以，要想让每个团队成员都能在领导者的指挥下发挥最大效能，就必须要针对每个下属各自的特点，对症下药，用最有效的方式来实现管理。

个人主义是管理者遭遇的一大难题，随着人们越来越强调个性化发展，思想的独立性越来越被每一个人所重视，这就会导致同样的管理方式不会对每一个团队成员都管用。管理模式太过单一，会遭到一些团队成员的心理抵触。在这种情况下，就需要通过沟通来了解每一个团队成员的独特个性，通过合适的管理方式让每个团体成员都能乐意服从指挥。如果管理者面对的是一个规模庞大的团队，也需要通过沟通来了解大部分团队成员的情况，从总体上制定出具有代表性的管理模式。沟通的重要性，就是要让每一个团队成员都能在心底对管理制度有一种尊重和认可。这会帮助他们在复杂的竞争环境下，既能根据命令照章办事，又能在充分理解行动目的的情况下，发挥自身的主观能动性。

另外，合理的激励机制也是实现有效管理的重要手段。根据心理学家提出的需求理论，人的需要大体如金字塔，从最基础的物质上的需求到最高层的实现个人价值的需求，这种理论为激励机制出现的必要性提供了依据。每一个人，无论他的动机如何，都离不开追求利益这条最基本的原则。哪怕是那些看起来很无私很高尚的人，他的付出同样需要得到回报。因此，在团队管理中，对成员进行某种需求满足的激励机制就成为一种奖励和鞭策。只有下属的需求得到满足的情况下，他们才会有足够的动力去服从管理，在工作中积极努力，从而让管理者的有效管理得以实现。

当然，除了满足需求的激励机制之外，对那些不服从管理，不能为实现共同目标积极努力的人进行惩罚，同样也是一种激励机制。有些企业或者政府单位会通过调离岗位的方式对违纪人员进行惩处，有些企业甚至实行末位淘汰制，将业绩考核排在末尾的员工直接开除，这种方式既能在员工当中实现优胜劣汰，不断为企业注入新鲜血液，同时对员工也能很好地起到激励作用，推动管理者实现有效管理。

当今社会，无论是国际的相互协调合作，还是企事业单位的团队运行，都需要建立起完善有效的监督管理机制，让团体中的各成员能够在管理机制之下为共同的目标而努力。任何优秀的管理者都需要做到将管理制度化，不能幻想自己招到的都是素质高、守纪律的优秀人才。退一步讲，如果日常管理没有制度进行规范，那么再有素质的员工都会钻制度缺失的空子，导致工作效率低下。另外，管理者也不能想着依靠自己的管理能力来实行完全的“人治”，这会让企业员工因为管理标准不一样而产生排斥心理。俗话说：骑马的没抓到，骑牛的反而被抓了，只要没被领导抓到，大家就可以心安理得地违反纪律，这就是制度缺失的危害。

毫无规章制度的人治，也会让管理者整天为了和被管理者玩猫和老鼠的游戏而忙碌不已。这就是我们平时在工作中常见的现象，有些管理者整天在基层转悠，却起不到什么明显的效果，团队依然乱糟糟，工作效率低下，团队成员纪律松弛，自由散漫。而我们看到有些管理者每天看起来轻松悠闲，但下面的团队运行却井然有序，原因就是建立了完备的管理体系，只要自己做好监督，同时向下面派出执行人员去实施好，就能很好地实现对团队的有效管理。所以说，不管是国家还是企事业团体，完备的管理制度，才是实现团队有效管理，打造高效有竞争力团队的保障基础。

军争篇（三）

原典

孙子曰：故三军可夺气，将军可夺心。是故朝气锐，昼气惰，暮气归。善用兵者，避其锐气，击其惰归，此治气①者也。以治待乱，以静待哗，此治心②者也。以近待远，以佚待劳，以饱待饥，此治力③者也。无邀正正之旗，勿击堂堂之陈④，此治变者也。

注释

①治气：指掌握和利用士兵士气的变化。

②治心：指了解和利用士兵心理的变化。

③治力：指了解和利用士兵体力的变化。

④陈：通“阵”，列阵的军队。

译文

孙子说：对于敌军主力可以损伤对方士气，对于敌军将帅可以动摇其决心。因此，将士在作战之初都士气高涨，一段时间过后，士气就会有所下降，到了最后，士气就变得非常低落了。善于用兵打仗的人，会避开敌人士气最高涨的时候，在敌军士气最低迷的时候发起进攻，这就是掌握运用了士气的变化。用严整的军队来对付敌方混乱的军队，用镇定平稳的军心来应对内心躁动的敌军，是掌握运用了心理的变化。以离自己近的战场迎接远道而来的敌军，用休养生息过的我军应对奔走疲劳的敌军，以粮草充足的我军应对受饥饿威胁的敌军，是掌握运用了体力的变化。不要去攻击旗帜整齐、严整以待的敌军，也不要去攻击已经排兵布阵的强大军队，这是懂得随机应变。

解析

如何实现战争中的以迂为直，孙子在兵法中提到了通过“治气”、“治心”、“治力”、“治变”四种方式。有些一心讲求“正面作战”的人视其为“雕虫小技”，不是光明正大的战争正道。但是，通过这四种方法，能够避免不必要的消耗，对战争的胜利起到事半功倍的效果。

就像人们常说的那样：“磨刀不误砍柴工。”这种战前的制敌之法就是双方正面交战前的谋略战。治气就是要在战前削弱对方的士气，治心就是在心理上扰乱和打击敌人，让敌人在焦躁烦乱下进行战斗；治力就是通过疲劳战术让敌人因为饥饿、疲劳而气力衰弱，以便能轻而易举地将敌人击败；治变，则是不要在敌人阵容齐整、上下团结一心的时候和敌人正面交锋，而要等到敌人内部产生分歧甚至哗变的时候，抓住机会战胜敌人。

孙子在兵法中提出的四种制敌之法，除了告诫将帅在战前要懂得以静制动，等待和创造最有利的战机，用最小的代价换取最大的战果。同时从另一个方面告诫将领在战前一定要懂得冷静思考，认真分析敌我情势，如果不管实际敌情，只知道已开赴战场就马上投入战斗，就会出现硬碰硬的消耗战。

不管是临场指挥的将领还是幕后谋划的谋士，都应该懂得创造或等待在战前对敌方进行削弱，为军队创造最佳的作战机会。孙子提倡的“动静之道”就是要告诫将领，不管在任何时候都应该保持冷静的心态。通过严谨的治军将军队内部治理好，用最好的状态随时迎接敌人的进攻。在这样的条件下也可以尽量等待、拖延，因为在治军更为严谨的情况下，时间越久对己方也会相对更有利。而对那些军队纪律不严明的军队来说，拖得越久就越容易出现问题。

历史一再验证孙子的判断，一旦局势不那么紧张，一些治军不严的军队就会出现松懈甚至纪律涣散等现象，比方说一些将领在看似必胜的战场环境下酗酒、打骂士兵等等。这些问题不但削弱军队的战斗力，甚至能让一支军队不战自溃，而一直虎视眈眈的敌方军队，就可以趁机攻城略地。这样的机会是每一位将领都应该学会去创造和把握的。这样的“以治待哗”的策略同样属于兵家强调的上兵伐谋的军事思想。

解读

冷静是这个浮躁时代最为缺乏的品质。

要想成就一番大事，任何时候都应该带着清醒的头脑去应对。日本松下企业创始人松下幸之助曾说过：“冷静”是营销员最好的素质。一个冷静的人一定是一个具有强大的处理事务能力的人。人类作为高等动物，区别于一般动物的一个重要能力就是自我控制力。我们通过自我控制，让自己在面对问题时尽量保持冷静，冷静能让人保持头脑的清醒，而清醒的头脑又能够让我们展现出全部的智慧。

保持冷静，即使一个人在非常规状态下也要保持常规状态下的沉稳心态。在正常的生活中，一个人大部分时间都处在一种常规的状况之下，在这种状态下，普通人都能用一种平和的心态去生活。所以我们可以看到人们在日常生活中可以从容不迫，对那些日常问题也能应对自如。但是一旦有突发状况，很多人就会表现得“不淡定”。正如《儒林外史》中的范进一样，因为中举这种人生巨变而高兴得发了疯，这就是一种不冷静的心态。

古人常说：人生在世，要做到物我两忘、宠辱不惊。就是追求在任何状况下，都保持冷静的心态去从容应对的思想境界。能保持这种心理状态的人都是生活中的强者，反之，则容易成为失败者。因为不冷静而不理智，不理智就会有不正常的行为，不正常的行为带来的后果可能会与我们的期许背道而驰。这也正验证了那句话：“越想得到的越得不到。”这是因为主观思想太强，导致思维无法正常运行，从而影响了客观行为的努力。

冷静是自己为自己预留的机遇。面对难题，唯有冷静，才有机会来仔细分析和考虑利弊得失，准确判断形势，思考正确的应对措施等等。如果遇事头脑不冷静，碰到紧急情况就头脑发热，就会乱了方寸，失了水准，很多人在关键时刻发挥不出自己的真实水平，原因就在于此。

人是情绪动物，冷静却能使我们有可能摆脱情绪的控制。人在突然受到某种刺激时，情绪会发生急剧变化：或焦急、或忧郁、或兴奋、或冲动……这些情绪能不能被控制，取决于人的心理素质。心理素质好的人，能够控制它以致向更好的方向发展，表现在行为上，就是临阵不乱，遇事冷静、沉稳，能够做到三思而后行。

不冷静导致不如意。生活当中的很多事情，当我们觉得做错了，或者做的不够圆满，可能并不是我们的能力不够，而是我们在做出判断、采取行动的时候还不够冷静。当我们觉得事情已经箭在弦上必须要发的时候，也许我们再冷静一下就会发现，可能还会有更好的机会在等待着我们。胜利的果实看似已经近在眼前，如果足够冷静，便会发现，我们和果实的距离还不足够近，或者我们脚下的树枝不够结实，随时有掉下去的可能。

不冷静让我们坐失机遇。生活中很多人都有让那些看似手到擒来的东西偷偷溜走的遭遇，或者为了获得一点利益而遭受更大损失的经历。静下心仔细思考，就会发现原因都是缺少了最后的一丝冷静，没有在最需要的时候踢出那关键的临门一脚。这些看似不起眼的最后一点点努力，导致人生出现完全不同的两极，由此可见，任何情况下尽可能地保持冷静，对任何人都有重要的意义。

军争篇（四）

原典

孙子曰：故用兵之法，高陵[①]勿向，背丘勿逆[②]，佯北[③]勿从，锐卒勿攻，饵兵勿食，归师勿遏，围师必阙，穷寇勿迫，此用兵之法也。

注释

①高陵：地势高的地形。

②逆：迎击敌人。

③佯北：假装失败。古时以北来指代失败。

译文

孙子说：所以用兵打仗的方法，是不要仰攻据守山头的敌人，不要迎击背后有山丘的敌军，对于那些装作败北而逃的敌军，不要贸然追击，不要强攻敌军的精锐部队，面对敌人抛出的诱饵，也不要贪利去取，不要去阻击班师回朝的敌人，在包围敌军的时候应该留出一个缺口，也不应去逼迫走投无路、陷入绝境的敌人，这些都是用兵作战的基本原则。

解析

战场是一个诡道横行的场所，不管战争处在何种阶段，都可能存在诡诈的可能。所以不管任何时候，都需要按原则办事，不要因为贪图战功而丧失了作战的原则，否则很可能因此而遭到敌人的拼死反击，或陷入敌人的圈套，让即将到手的胜利被白白葬送。

世人常说的“万法有道”，指的就是做任何事情都应该遵守原则。坚持原则，既是对道德伦理底线的坚守，同时又是对一种领域规则的遵守。这样的遵守既是道德层面的，同时也符合现实利益的角度。一旦违背这些原则，就很可能失去现实利益。所以孙子在兵法中告诫将领要遵守这些作战原则。比如，对那些居高临下的敌人不要正面仰攻。毫无疑问，仰攻这种进攻方式是逆势而为，极易遭到敌人居高临下的反击，让己方面临严重风险，触犯兵家大忌，丢失大好局面。

作为伟大的军事家，孙子不仅从总体上把握战略全局，用军事思想来指导后世将领，还对具体的用兵方法进行了详细的表述。这些用兵原则既是站在“道”的角度来对作战行为进行规范，同时也具有很强的现实指导意义。后世最熟悉的“穷寇勿追”就是因为敌人在逃命的时候，本身是没有什么战斗力和战斗意志，但如果一味地赶尽杀绝，既不符合人道主义精神，同时也会激发敌军决死之心。穷途末路之下，出于保命的目的，敌人会拼死相搏。这时，原本已经掌握战争主动权的一方就可能面对战斗力最强大的敌人，因此而遭受严重损失，甚至会先胜后败，成为最后的输家。

解读

中国是一个尚德的国家，国人一向在为人处世中追求以德服人，哪怕是生活中的敌人，在获得胜利之后都讲究得饶人处且饶人。在有些人看来，这种处世之道太过中庸，但如果我们能更深一层去挖掘，就会发现中庸本身就建立在现实的基础上。正如孙子在兵法中提到的“穷寇莫追”，在敌人败局已定的情况下给敌人留有一线余地，实际上也是给自己留了一个余地。这个余地既能让自己站在道德的高地，同时也是保障既得利益的明智之举。

高明的竞技者都是如此，竞争之时，如果胜利已握在手中，就给对手留下一点余地，让对手体面地下场，也会把这一次的失败看作是一件平常不过的竞争结果，认为胜败乃兵家常事。双方场上竞技，场下还可能成为朋友，可谓赢得十全十美。但是如果得势不饶人，用赶尽杀绝的心态去对待对手，再平常的竞争也会成为你死我活的厮杀。由此埋下的仇怨即使不在当下爆发，也可能将一个普通的对手变成一个不共戴天的死敌。长此下去，就会四面树敌，如果对手都以命相搏，即使再强的人也将难逃厄运。

当今世界是一个竞争的世界，每个人都会为了自己的利益去和对手竞争。在任何时候，我们都需要明白这些竞争都是利益纠葛的产物，所以我们在竞争时要尽量做到对事不对人。在竞争时我们当然要用全部的力量，用自身的优势来战胜对手赢得利益。但是当既定目的达到，在对手没有还手之力的情况下，我们也应该给对方留下一条退路，这既是为了避免对手以命相搏，导致两败俱伤，又留下了他日相见能够一笑泯恩仇的机会。

英国首相帕麦斯顿曾经说过："没有永远的敌人，也没有永远的朋友，只有永远的利益。"所以说，我们在和竞争对手打交道的过程中，要遵从利益最大化的原则。要将竞争看作一种游戏或者比赛，以成绩来判输赢，不能一味针对对手，让参赛双方成为场外的仇人。只有这样，我们才能在获得利益的同时，又不给对手带来太过严重的伤害，以便能在有共同利益的时候双方还能成为合作伙伴。

做任何事情留有余地，也是自我保护的重要手段。有时候，我们将话说得太满、事做得太绝并不能给我们带来实在的好处，反而要付出更大的代价来应对那些反弹过来的力量。比如，有时候我们将话说得太满，只是想堵住对方的嘴巴，或者一下把对方打趴在地，让自己占得上风。但如果对方以此来进行反击的时候，也许最终受伤的还是我们自己。

给他人留有余地，也会给自己带来更多机会。华人首富李嘉诚正是用这样的人生信条来指导自己的行事作风的，他说："如果能够拿10%的股份，那么11%也不算过分，但如果只拿9%的股份，就会财源滚滚。"这种看似不追求最大利益的不完美主义，正是一种实现常胜的强大思想境界。

一个不懂得宽容和学会让利的人，是难以获得别人合作和支持的。不管是竞争，还是在人与人之间的相处过程中，给对方留余地同样是一种明智的相处之道。很多人只喜欢站在自己的立场上考虑问题，不懂得照顾别人的感受，也不懂得用一种别人更容易接受的方式来传达自己的观点。很多人为了指出别人的错误，总是一味地数落、揭发，希望以此让对方屈服接受、并虚心改正。但往往事与愿违，不但不能达到目的，反而让对方因为过大的压力生出逆反心理，在错误的路上越走越远。

给人留有余地，就是照顾别人的面子，在任何时候都要记得，你接触的人是自尊心极强，有自己的观点，甚至可能是相当顽固的人。特别是在指出他人错误的时候，更要注意沟通技巧。激励大师卡耐基就曾经说过："承认错误固然是一件好事，但是这个世界上愿意从心底承认错误的人却很少。这也说明了一个问题，就是你让别人承认错误的想法和举动是错误的。所以说，往往你半天工夫下来的狂轰滥炸并不会起到实质效果。即使对方迫于压力向你承认了错误，那也是违心之举，因为这本身就违反人类的本性。所以说，与其通过将对方逼到墙角来让对方承认错误，还不如留一个空间让他们自己去思考，这样的效果反而会更好。"

不管是指出朋友的错误还是教育下一代，留下一点空间和余地确实是一件明智之举。这种"留白"的艺术，既是体现了中国人的宽厚包容的中庸之道，同样也是一种高明的处事方法。

第八篇　九变篇

九变篇（一）

原典

孙子曰：凡用兵之法，将受命于君，合军聚众，圮地无舍[①]，衢地交合[②]，绝地无留[③]，围地则谋[④]，死地则战[⑤]；涂有所不由，军有所不击，城有所不攻，地有所不争，君命有所不受。

注释

①圮地无舍：在沼泽河网密布，通行不便的地方不要安营扎寨。

②衢地合交：位于四通八达的交通要道就要和周围的诸侯建立友好关系，以避免自己成为众矢之的。

③绝地无留：没有人烟和给养来源的地方赶快通过，不要逗留。

④围地则谋：处在容易被敌人包围的地形中就要想办法脱身。

⑤死地则战：陷入绝境之中就要拼死一搏。

译文

孙子说：但凡领兵作战，原则是将帅接受国君的命令，然后招集军队。在出征的途中，不要在河网密布的沼泽一类难于通行的地方安营扎寨，若要在四通八达的交通要地停留，就要和相邻的地区建交，不要在难以生存的地区久留，应该要尽快离开，如果进入了容易被包围的地区，就要想好脱身的办法，若是陷入了绝境，就要拼死一搏，在途中有不能走的道路，也有不能攻打的敌人和城池、地区，有时甚至军令也可以灵活执行。

解析

战场的环境瞬息万变，想要在多变的环境下应对自如，需要将领有强大的应变能力。在战场上要有决断力，有眼力和远见能力，懂得一切以赢得胜利为出发点和落脚点，要坚决克服战场环境和外部环境对军事行动的影响，做到有所为有所不为。关键时刻，甚至连君王的命令都可以不听，这既需要一种勇气，同样也是对战场环境变幻莫测下保持灵活多变作战方式的需要。

孙子在兵法中对一些战场环境进行了介绍，并给出了具体的指导意见。这一方面反映出了战场环境的复杂多变，临场应变能力的重要性；另一方面又详细指出战场上的“不可为”。中国古语有云：“有所为，有所不为。”这既是一种慎行的指导思想，在战场环境下，更是考验一个将领是否拥有优秀的临场指挥能力的标志。

在兵法中，孙子提出了“将在外，君命有所不受”的作战原则，这条原则正是对战场瞬息万变下临场指挥重要性的至高要求。在后世的战争中，这条训诫不但成为将领尽力遵守的指导思想，甚至也得到了后方朝堂的认可。

作为部队的指挥官，不能死板地执行战前既定的战略战术部署，以及后方的指挥者发出的指令。因为情报传达过程中不可避免地出现误差和延迟，“君”在下达作战指令之际，很有可能没有掌握到完整、甚至是正确的情报。这无疑会对其指令的准确性造成影响。这就要求前线部队的指挥官要根据战局中每一个细微的变化，自主地对战术作出调整，充分结合战场上临时出现的各种情况，做出相应的反应，将战局导向有利于我方的方向。

从另一个方面讲，不管是顺应战场的有所为还是有所不为，都是对将帅临场指挥的巨大考验。很多人受了君命却输掉了战争，最后还被以失败追责。有些将领不受君命赢得了战争，却因为被猜忌而遭到清算。在这种关系的处理上，同样考验一个人对待环境变化的掌控力和应变力。

解读

世界无时无刻不在发生变化，这种变化既是事物自身的代谢变化，又是人们用自己的主观能动性在改变着周围的环境，正因为有客观、主观双方面的作用，我们获得的信息才如此多变，我们面临的环境才不单纯。所以，孙子在兵法中强调了将领要有强大的临场分析和把控能力，要懂得有所为有所不为。

为与不为，都是实现利益、避免损失的临场选择行为。古今中外，良好的应变能力是事业成功、人际交往必不可缺的素质。基于职业的特殊性与侧重点，对临场应变能力的要求有大有小。比如政治家、外交家、企业商界人士、公关人员等，面对风云变幻的政治、外交、商界、社交场合，在谈判桌边、会议场上、宴会席前就必须要有非常机敏的应变力，化险为夷，泰然处之，以不变应万变，巧妙地游移其中，方能稳操胜券。的确，不是每一个领域都要有强大的临场应变能力，但一个人要想在某个领域做到真正出色，必然要面对更多的风浪，这时就需要有强大的临场应变能力作为支撑。

强调应变能力，是因为我们总在面临与设想的不一样的情况。我们自以为做了万全计划，却在实施过程中遇到了万一的情况。为了解决突发的问题，需要我们第一时间采取措施，而这种措施正是“有所为，有所不为”，为与不为，既可以遵守自己平时的价值取向，又可以按照现实的情势发展变化采取实现利益最大化的措施。一切全都依靠自己的价值取向和即时判断。

面对突发情况时，我们难免慌张，不知该如何在复杂的时局中做出取舍，这个时候我们需要一个必须遵循的守则。随着社会的不断发展，人们越来越看重实际利益，这也是我们做决定时必须参考的价值标准。但遵循这条标准，同样需要具体的观察，有时候那些看起来有利可图的，可能只是一个诱饵甚至陷阱。我们可以为了追求长期的大利而去放弃眼前暂时的短期利益。这种对现场形势的判断并做出的行为选择，实际上和孙子强调的在战场上为与不为的思想是一致的，都可以看作是实现既定目标甚至是更大目标的一种抉择。

在人生道路上，我们面临的不是康庄大道。每一个人都会不知不觉走到人生的十字路口，选择往哪个方向走，需要做出最清醒的判断和最符合自身价值的选择。正如孙子在战场中强调的军事行动选择一样，如果不能认清形势，不能把持自己，抵挡不住诱惑，就会误入歧途，损失惨重。所以说，在任何条件下的选择能力，也可以看作是临场应变能力的一部分。

除了决定自己做还是不做，我们更应该学会怎么样去做。每个人做事之前都会进行规划，当在执行的过程中出现突发状况时，怎样通过其他的方式实现既定目标，追求利益的最大化，或者让过程变得顺畅起来，都是巨大的考验。要做到这些，除了自己要有清醒的认识，还要事前对可能出现的问题做好预案，做到心中有数。这样，当紧急事态或者异常状况出现时，我们至少在心理上和现实中有充分的准备，有信心继续前进。

胜似闲庭信步是一种从容境界，这反映了一个人强大的能力，也是确保应对一切突发能力的基础。我们可以在平常的生活中看到，那些优秀的电视节目主持人能够在现场中，凭自己的三寸不烂之舌成功化解意外状况，靠的就是有强大的主持功底。正所谓艺高人胆大，拥有强大的能力是确保我们在应对现场突发和异常情况下，保持良好心态的基础。这种良好的心态，将帮助我们用最清醒的头脑来判断形势，做出正确的选择，采取应对措施。

九变篇（二）

原典

孙子曰：故将通于九变[1]之地利者，知用兵矣；将不通于九变之利者，虽知地形，不能得地之利矣。治兵不知九变之术，虽知五利[2]，不能得人之用[3]矣。

注释

①九变：指各种情况下的灵活应变。九，虚数词，泛指数量多。

②五利：指“君命有所不受”等五种有利条件。

③人之用：指军队战斗力。

译文

孙子说：所以，将帅若能通晓如何在不同的情况下灵活应变，就可以说通晓用兵打仗的方法了；若将帅不能做到在不同的情况下随机应变，就算掌握了地形条件，也难以占有地利的优势；领兵作战掌握不了随机应变的方法，就算知道有的路不能走，有的人不能打，有的地方不能攻，有的命令不能听，也无法发挥出最高的战斗力。

解析

现实是检验一切事物的试金石，所以，我们在做任何事情的时候都应该尊重客观现实。只有建立在现实的基础之上，我们所拥有的一切优势才有发挥的平台。孙子在兵法中提到的“九变”，实际上就是对战场复杂多变状况的一种统称。只有正确认识现场实际情况，在此基础上采取符合现实的具体行动，才是真正懂得用兵之道，一切有利的因素才能真正发挥作用。否则，如果只是按照自己先前的计划行事，也不管战场环境的真正状态，不能做到因地制宜，只会让一切军事行动落空。

1941 年，德国撕毁《苏德互不侵犯条约》，对苏联发动进攻。其采用的手段依然是在西欧大陆屡试不爽的闪电战，通过规模庞大的坦克军团进行快速突击。这种进攻方式在进攻波兰时效果显著，原因是波兰的西部是平原为主的平坦地势。因此，德国几乎不费吹灰之力就击溃了 80 万波兰军队组成的防线。但随着德军不断向苏联腹地推进，战场情况开始发生变化。原因就是苏联腹地的地形更加复杂，除了平原以外，山地、丘陵、河流、沼泽等地形组成了一个复杂的战场环境。

德军没有为此做充分的调整，而是陶醉于闪电战带来的辉煌，结果，坦克被复杂的战场环境所限制，机动能力大大削弱。战争也从原来的德军占据战术优势，逐渐演变成一场势均力敌的消耗战。最终，战争资源更加丰富的苏军赢得了胜利。由此可见，在任何战争中，只有符合战场环境的特殊性，才能让自身的优势得以发挥。不懂得因地制宜，根据客观的战场环境制订专门的作战计划，再科学的宏观指导原则都无法发挥作用。

解读

现实不能量身定做，每个人都要学会量体裁衣。

现实生活难免重重波折，尽管我们希望以最快的速度解决问题，却也要知道“欲速则不达”，做任何事情都不能太过简单化和模式化，不能搞一刀切，要在尊重现实的基础上因地制宜。只有充分尊重客观环境，才能让我们在总体的指导原则下解决好问题。为什么要因地制宜？正如世界上没有两片完全相同的叶子一样，我们所面临的任何事情，不管看起来有多么类似，都会存在其独有的特殊性。

很多人自认为精通领域内的知识，自己的这些知识都是前人根据经验总结出来的，将这些理论知识学会，就意味着自己站在了巨人的肩上，解决这一领域内的其他相关问题都能手到擒来，不在话下。往往这种自大心态会遭到现实的无情打击，很多人发现，原来学到的理论知识在客观环境中不一定用得上，甚至不知道怎么用。这并不是说我们对知识掌握得不够牢靠，也不是知识本身缺乏指导作用，而是我们还没有了解到事情本身所具有的独特性。

比起事情的普遍性，一件事情的独特性也许只占到一小部分，但却是“此事”区别于“彼事”的最本质部分。如果对这一小部分没有充分的认识和重视，就会严重影响我们对整件事情的解决。如果连起码的客观认识都没有，那么任何的指导原则都将失去作用。

有个笑话对那些空有理论却对客观事物没有认识的人进行了讽刺：一个农大的高才生暑假回家，看到一个农夫在给一棵果树剪枝。他很不以为然地说：“你这样的方式很不科学，这棵树要是能结十个苹果就已经是奇迹了！”农夫听了好笑地说：“的确会是个奇迹，因为这是一棵梨树。”从这里可以看出，在做任何事情之前，首先必须要对事物细心观察，有充分的认识。如果连起码的客观认识都没有，任何的理论都派不上用场。除了每一种事物会具有各自不同的特点之外，同一件事物在其不同的发展阶段，都会有不同的特点，这一切都要求我们与时俱进，时刻跟随事物的发展，不能只用最初的理论来指导我们的行为。

俗话说，计划没有变化快，我们完备的计划总是因突发的状况打乱。我们以专业的知识与经验，把每一个问题量身定做了解决方案，但现实偏偏不按我们的设想出牌，总给我们出意想不到的难题，因此任何的经验和专业知识都只能作为参考，为了成功，我们必须另寻解决之道。

意外虽有，但解决问题遵循的方法只有一个：对问题要有充分的了解，制定合乎实际的方案。只有对问题有充分了解，我们才能明白应该怎样去制定相关的方案。如果想当然地认为任何问题都没有什么两样，总是用一成不变的老方案套在上面，早晚有一天要摔跟头。

特别是当我们需要进入一个自己不了解的领域，结识自己不熟悉的人，学习从前没有接触过的知识，更要抛开固有的思维，最大限度地拓展眼界，以初学者的身份观察思考，制定符合环境又符合自身的计划，以免出现“水土不服”。要知道，有时候变化就是进步，善于改变自己的人，才能够获得最大的进步。

九变篇（三）

原典

孙子曰：是故智者之虑，必杂于利害①。杂于利而务可信②也；杂于害而患可解也。是故屈诸侯者以害；役诸侯者以业；趋诸侯者以利。故用兵之法，无恃其不来，恃吾有以待也；无恃其不攻，恃吾有所不可攻也。

注释

①杂于利害：兼顾利弊得失。

②务可信：任务可以完成。信，通“伸”。

译文

孙子说：所以聪明的将帅想问题时，一定会权衡利弊，在占据有利形势的时候如果能够想到不利因素，那么任务就可以顺利进行；若是处于不利条件的时候，能够从中找到有利的方面，那么祸患就能够消除。因此，想让诸侯屈服，就要用他们最头疼的事情去威胁，想要诸侯忙于应付，就要用对方最危险的事情去困扰他们，想要让诸侯国臣服依附，则要用利益去引诱之。所以用兵作战的方法，就是不要抱有敌人不会前来的侥幸心理，而应该事前做好充分的应对准备；不要抱有敌人不会进攻的侥幸心理，而应该凭借自己坚不可摧的强大实力，震慑对方，让对方不敢进攻。

解析

作为一个现场指挥的将帅，要顺利达到战略意图，就必须要对每一个军事行动权衡利弊。战争是一种逐利的举动，任何的行动都应该建立在利益的基础上。同时，战争的背后是人员的伤亡和物资的巨大消耗。因此，得失之间也决定着士兵生死和国家的兴衰。战争中的伤亡难以避免，基于对战争本质的理解，孙子还是主张将帅应该在权衡利弊时有准确的分析和判断。必须从客观的现实出发，一切胜败得失、攻守进退都应该以维护最高利益为出发点和落脚点。

没有利害观，不懂得权衡利弊，就会让将帅的临场发挥没有尺度和分寸。如果将帅只看到利益而没有看到危害，就会在指挥时轻率行动，麻痹大意；只看到危害而看不到利益，也会让将领没有信心和动力，消极避战、畏缩不前，从而导致整个军队的士气受挫，反而遭受更大的损失。实际上，战场上任何时候都是利弊同时存在的。利弊的大与小完全取决于将帅趋利避害的能力。这种利弊之间的权衡，正是趋利避害的前期工作。只有在战争中获大利，受小害，才能让战争成为真正的获利之战，这样的战争才能为国家带来真正的利益。

对战场利弊进行准确的分析，必须建立在对战场客观了解的基础上。战场的形势时刻都在发生变化，很多时候，事前判断出来的形势可能会在战争过程中不再实用，这就需要将帅及时做出决断，确保军队不陷入危机。很多将领在战争中无法做出正确的指挥决策，主要原因就是没有权衡好利弊。

作为将领，战场就是建功立业的平台，战场上每一次利益就是一次立功的机会，这对将领来说，无疑是一种诱惑。如果经不起诱惑，利令智昏，为了战功不顾后方的长远发展，即使胜利，也会给国家造成灾难；而一味斗勇，一心想着功名，就只会看到于己有利的一面，难以对战争形势有一个全面的评估。正是因为个人得失心太重，很多将领因此而进入敌军设下圈套，将军队置于危险的境地。而那些心中有国家利益的将领，却能避免这个误区，不但使国家利益最大化，也让自己的指挥更加高人一筹，这是“大我”对“小我”的境界上的胜利。

解读

现实生活既有美好的一面，也有残酷的一面。在认识和尊重这样一个事实的前提下，我们总要面对选择。每一件事情都需要我们去选择，不断地选择消耗了我们的精力，选择错误还可能费力不讨好。我们总想追逐最有利的那一个决定，但我们做出的决定，又常常与愿望背道而驰，我们得到的常常不是胜利，而是教训。

聪明的人考虑问题，首先要全面评估一件事情的利弊两方面，而不是只盯着其中的一面。实际上，如果我们仔细分析就会发现，只有单面的事情是不存在的。很多事情看起来可能是这样，但只不过是我们没有发现其另一面而已。所以当我们获得利益的同时，不要高兴得忘乎所以，而要为应对它的另一方面做好准备。任何事情的利弊两面都是有相对应的分量的，我们在一件事情上可能获得巨大的成功，也可能会遭受惨重的失败。当然，奔着成功去没有错。但是如果一件事情遭受失败的概率实际上远远大于成功，我们是不是要学会规避?

任何事物都有其两面性，当它给你带来利益时，其他的东西也会随之而来。有些看起来美好的东西，实至上也许并不是那么美好；而那些看起来招人厌恶的东西，也许并没有你想的那样恶劣。这样看来，我们在生活中常常很难正确分析出利弊来。很多人虽然考虑到了事情都会有利弊，但却不能准确分析出利弊的大小。

很多因素都会导致我们认识上出现偏差，例如，很多人都会在预期利益的刺激下对事情的危害估计不足，甚至抱着“从来富贵险中求”的赌徒心态，为了获得利益而将面临的风险忽视掉。但现实是，忽视风险并不能阻止风险的发生，如果我们总是天真地以为风险不会来，那么风险往往就会悄悄接近。所以，不能用侥幸的心理去应付风险，而要随时做好准备，用最强的自己来应对一切挑战。只有在追逐利益的同时，又做好了应对风险的充分准备，我们才会成为生活中的常胜将军。

不论是个人还是团体，都希望获得发展的机遇，机遇和挑战是所有事物的一体两面。任何机遇的获得，都同时要去应对挑战。不管是个人的事业成功，还是企业的市场突围都是如此。如果一味地想着获得机遇，那么这一机遇背后的挑战可能让你的行为得不偿失。

2014 年 1 月 30 日，联想集团以 29 亿美元的价格从谷歌手中收购了摩托罗拉公司的移动手机业务。这一并购案是继上一次收购 IBM 的个人电脑业务之后，联想又一次海外收购的大手笔。联想希望通过这次的收购案一举扭转自身在移动业务上的劣势。

但是，谷歌的举动也是经过了缜密考虑的。现在摩托罗拉已经处于生死边缘，长年以来都处于财务亏损的境地，未来也很难看到盈利的希望，所以会在很长一段时间里，成为一个财务黑洞。联想也不是贪图便宜，它收购摩托罗拉，是为了能够在一定程度上弥补自身的不足，这一决定能否给联想带来巨大利益，还有待于实践检测，但联想自信满满，将这一挑战视为机遇。

所以说，在发展过程中，既要善于抓住机遇，又要对背后面临的挑战有充分的思想上和实际行动上的准备。对那些风险难以掌控或者预期难以承受的方案，要坚决搁置，积极规避风险。保守一点没有关系，积少成多同样是一种成功的道路。如果总是带着赌徒的心理全然不顾及风险，不懂得权衡利弊，哪怕今天可以爬得再高，明天摔得也会很惨。

九变篇（四）

原典

孙子曰：故将有五危[①]：必死，可杀也；必生，可虏也；忿速，可侮也；廉洁，可辱也；爱民，可烦也。凡此五者，将之过也，用兵之灾也。覆军杀将[②]，必以五危，不可不察也。

注释

①五危：五种带来危害的心理弱点。

②覆军杀将：军队覆没，将领被杀。

译文

孙子说：所以将帅有五种致命的危机，如果拼死硬攻，就可能招致杀身之祸；如果临阵退缩，贪生怕死，就可能成为敌国俘虏；若情绪容易暴躁，容易被激怒，就有可能失去理智；若过于看重自己的名声，就可能受不得羞辱，容易冲动；若过于保护民众，就有可能因为敌军扰民而处于被动。凡是这五种危机出现，必然是将帅的过错，亦是率兵作战的灾难。全军覆没，将帅丧命，一定是出于这五种危机中的一种，这是将帅不得不重视起来的。

解析

所谓兵不厌诈，在战场上，诡道虽然看似并非正途，却是兵家追求的奇胜之术，是“上兵伐谋”这一战争思想指导下的产物。诡道的产生，是建立在敌方，尤其是敌方军事将领人性弱点的基础之上的。当今社会，读心和攻心之术大行其道，事实上在遥远的古代，这一行为已经在军事领域得到了广泛的使用。指挥战争的将帅或者幕后谋划的谋士，通过对敌方将领性格的了解，并进一步对其心理进行解读。在此基础上，就可使用诡道来诱使敌军将领就范，最终击败敌人赢得胜利。

将帅是三军之司命，也是国家安危的梁柱。将帅在战场上的一言一行，一举一动，都可能关乎士兵的身家性命，甚至国家的兴衰存亡。正所谓：“行由心起”、“性格决定命运”，所以将帅的个人修养也就显得十分重要。为将者，要有大将的气度，泰山崩于前而能面不改色。大敌当前也要做到沉着冷静、不急不躁、处变不惊、从容应对，这既是将领应该追求的精神境界，同时也是继承孙子慎战思想的一种表现。

古今中外，多少战争的胜负都是双方将领素养的比拼。因此，孙子在兵法中提出了“五危”。孙子认为，将帅指挥作战时，失败往往不是来自外部因素，而是由将领指挥不当所致。其中的很大一部分原因就是因为将帅的素养缺陷，导致对战场形势出现错误的判断。这些素养缺陷在战场上一旦被敌方知晓，就很容易成为伐谋的来源。正是基于这种原因，孙子在兵法中告诫将领，要对自己的心理弱点在战争中带来的危害有充分的认识。对自己的心理弱点要尽量克服，避免其成为导致战争失败的诱因。

解读

性格可能是最大的优点，也可能是最大的弱点。

性格对一个人的影响毋庸置疑。一个人在这个社会上到底能够站得多高，走得多远，性格的作用不容忽视。这一观点已经被众人认可。在现实生活中，我们常常会看到，那些在班里学习成绩并不好的学生，走向社会后反而会成为强者，到底是什么成就了他们？不能排除环境、机遇这些外在因素，但是最好的解释还是性格。良好的外部环境和机遇这些可使人成功的因素，往往需要良好的性格作为基础。

如果我们留意一下生活，就会发现一个人的个人交际、婚姻生活、精神状态等，无一不是和他的性格联系在一起的。再加上职业选择和事业上的成败，这些都离不开性格的影响。也许有的人会把能力当成造就一切的原因，但事实还是会告诉你，能力的大小也在一定程度上取决于性格。在这一问题上，很多成功人士都给出了肯定的答案。

约翰·皮尔庞特·摩根是美国近代史上最著名的金融家，在美国1907年爆发的金融危机中，老摩根几乎靠一人之力挽救了美国经济。在一次记者会上，有记者问他："您认为是什么成就了今天的辉煌？"老摩根不假思索地回答："性格。"记者接着问："那是资本重要还是资金重要呢？"老摩根想了一下回答道："我想是资本吧，但是无论资本还是资金，都需要用一个好的性格去运作它们。"

股神巴菲特和世界首富比尔·盖茨，对性格的决定性作用同样给予了充分的肯定。巴菲特说："人们往往会把成功的大部分功劳归功于智商，但是很多时候我们都会发现，那些看起来高智商的人总会被他们的聪明绑住手脚，而好的性格和习惯则会让我们全身心地投入到生活和工作当中去。所以，成功的秘密就在于此。”比尔•盖茨的回答则是："性格是走向成功的根本，就像一根水泥柱一样，知识和学问只是外面的混凝土，而性格则是里面的钢筋，没有了钢筋的支撑，水泥柱再大都不会有很强的支撑力。”

在成功者必备的个人素养中，品行是其中最核心的组成部分。拥有好的品行，就很容易对外树立起个人威信，而且这种以德服人的基础上建立起来的威信也是最稳固的。不论长辈还是平辈，都会对有品行的人赞不绝口，甚至连竞争对手都会因你高尚的品行而对你保持尊重，即使在失败面前也心服口服。

这种好的品行，不是建立在个人的权力和成功事业的光环之下的，而是在德育的教化和熏陶、法律的约束、工作的磨砺中逐步形成的，是人格魅力的核心。与人相处时严于律己、宽以待人，对待难题不推脱，对待失败不找借口，工作中的以身作则，体恤他人，这些都是良好的个人品行的体现。以品行为基础建立的知识体系、人际关系，比建立在逐利基础上的更加牢固，有这种核心竞争力，可以让我们人生道路上收获更多的尊重与机会，稳步走向成功。

第九篇　行军篇

行军篇（一）

原典

孙子曰：凡处军相敌[①]：绝山依谷[②]，视生处高，战隆无登，此处山之军也。绝水必远水；客绝水而来，勿迎之于水内，令半济而击之，利；欲战者，无附于水而迎客；视生处高[③]，无迎水流，此处水上之军也。绝斥泽，唯亟去无留；若交军于斥泽之中[④]，必依水草而背众树，此处斥泽之军也。平陆处易而右背高，前死后生，此处平陆之军也。凡此四军之利，黄帝之所以胜四帝也。

注释

①处军相敌：安顿军队，观察敌情。

②绝山依谷：穿越山地要沿着山谷行军。

③视生处高：驻扎地势高视野开阔。

④交军于斥泽之中：在盐碱沼泽地和敌军交战。

译文

孙子说：但凡安顿军队、观察敌情，都应注意，在穿越山地的时候要沿着山谷行军，在驻扎的时候，要选择方便进退的高地，当敌人占领高地的时候，不要仰攻，这是在山地行军作战的原则。在渡江渡河的时候，驻扎地点要选在远离水域的地方，敌人渡过江河来进攻，不要在水中迎战，应该等敌军渡过一半时再发起进攻，这样对我方有利。若是和敌军交锋，不要将战场选在水边，驻军要选择向阳的高地，而且不能面迎水流，这是在江河一带用兵作战的原则。在盐碱沼泽地带行军的时候，应该尽快离开，不能久留，如果在这里恰逢敌军，那就应该选择靠近水草，背靠树林的地方作为战场，这是在盐碱沼泽地带用兵作战的原则。若是在平原行军打仗，那就要占领视野开阔的地方，最好选择前低后高的地区，这是在平原地区行军打仗的准则。以上四种行军打仗准则的好处，就是黄帝曾经战胜了四方领袖的原因。

解析

战争是复杂的人类活动，受多种因素的综合影响。因此，要想取得战争的胜利，就必须要充分利用各种有利的战争因素，而有利地形就是影响战争走势的重要因素之一。尤其在以人力为战争主导力量的古代，地形之利对战争胜败有着重大的影响。因此，孙子在兵法中充分强调了地利对一支军队赢得战争的重要作用，并提出了一些如何获得地利的“操作规范”。虽然这些规范并不一定能适应每一场战争的需要，但作为一种常规的参考，这些占据地利的规范依然得到后世军事将领们的推崇。

相比于天时和人和这种难以控制的战争因素，地利更客观也更容易实现，占据有利的地形是赢得战争胜利的重要基础。占地利可以得优势，就像人们常说的那样，同样一块石头，如果你放在平地上，它就是一块毫不起眼的石头。如果把它放在万丈山崖之上，那么它立刻就有了千钧的威势，就是因为它借了地形之利。

战争作为一种“高风险、高消耗”的人类活动，必须讲究锱铢必较。每一种资源的合理利用，都可能为减少损耗、赢得胜利增加砝码，而借自然之力往往能达到人力所不能及的效果。作为伟大的军事学家，孙子对地利的追求，实际上是为了实现人与自然的和谐与融洽。这既反映了孙子强调“天道”和“人道”、“自然”和“人为”的相通、相类和统一的哲学思维，又是孙子对影响战争的各种因素的深刻理解和把握的体现。

解读

其实，不仅是战争，其他的人类活动在进行过程中，同样应该追求与自然的和谐统一。不仅仅是自然环境，周围的其他环境都是应该充分利用的。只有充分懂得利用周围的环境资源，你才会事半功倍。在商务领域中，追求区位优势，就是对孙子战争充分利用地理环境思想的继承和发展。

现代社会，我们当然不必接触到战场，更不用思考地形与胜利的关系。但是，我们依然要有地理意识，明白地理上的划分，明白各个区域的人们的整体性格和气质，明白如何因地制宜，如何与不同地区的人友好相处。特别是现代企业，想要在全国、全世界立足，必须重视地理因素。

就如战争中地利因素对成败的影响一样，商务活动中的区位优势同样是一个企业立足市场、赢得竞争的重要因素。一个对企业发展有利的区位，是每一个企业管理者都必须注重的要素。良好的区位无疑要有便利的交通、大量的商品需求者。这些都能让企业以最快的方式提高销售速度，产生经济效益。随着时代的发展，区位优势已经不仅仅是一块交通便利的地盘，而是一个包含了地理位置、人文习惯的综合环境。

很多产品在进入市场时，并不能马上形成区位优势，只有当企业的生产和营销战略与之相适应之后，区位优势才会显现出来。这也正如战场上一样，只有合适的排兵布阵和进攻方式，才会获得地利优势。如何顺应和利用好每种区域环境开展商务活动服务，同样是每个企业管理者面临的难题。

宝洁公司是目前世界最大的日用品公司之一，作为世界知名企业，宝洁公司在发展过程中也经历了很多曲折，原因之一就是没有制定符合区域发展的生产战略。在美国国内市场赢得胜利之后，宝洁公司开始将发展的目标瞄准国际市场。作为东西方两个具有代表性的国际市场，英国和日本被宝洁公司作为优先开拓的目标。然而令宝洁公司没有想到的是，他们的产品在英日这两个市场接连遭受遇冷，很快便败下阵来。经过仔细的调查研究，宝洁公司的管理人员发现，产品的水土不服是导致失败的最重要原因。

这个教训也让宝洁公司的决策层意识到了适应区域特性发展战略的重要性。之后的宝洁公司在每进入一个新的区域市场，都事先进行充分地调查研究，了解当地消费人群对产品特有的消费需求，量身定制产品，以便能迅速占领当地市场。

随着中国人生活水平的不断改善，宝洁公司又推出了多个不同功能的品牌，在营销上分别以“去头屑专家”、“头发柔顺专家”以及“头发营养专家”的口号进行配合。这种战略也正符合了经济快速发展下，生活水平不断提高的中国消费者的需求特点。正是在这种战略决策的指引下，帮助宝洁公司的产品赢得了中国超过60%的市场份额。

很多人觉得像肯德基、麦当劳这些世界餐饮巨头，正是依靠强大的实力改变了世界人民的饮食习惯。但是我们认真调查之后就会发现，这些饮食巨头在坚持自己的独特性的同时，也注重去适应不同区位环境的独特性。当然，有些本位主义者会高喊：“优秀的营销人才能把电风扇卖给因纽特人！”但如果我们在生产和营销战略上更能适应当地的区位环境，我们为什么要为难这些营销人才呢？显然，符合当地独特的区域特色的营销战略，才能让公司营销人员开展工作时变得事半功倍。这种战略，无疑暗合了孙子兵法追求地利的战争思想。

这一思想还要引申到个人生活之中，我们也利用自己所在的区域环境，在信息流通量大的地方，我们能学到更多的东西；在交通便利的地方，我们能快速出游，可以做联络性强的业务；在闭塞的地方，我们应该适时静心；在熙攘的地方，我们应该尽力扩大人际网……不论什么样的环境，都能给自己的发展带来机遇，尽量利用地利优势，任何地方都可以是我们成功的起点。

行军篇（二）

原典

孙子曰：凡军好高而恶下①，贵阳而贱阴，养生②而处实③，军无百疾，是谓必胜。丘陵堤防，必处其阳而右背之，此兵之利，地之助也。上雨④，水沫至，欲涉者，待其定也。凡地有绝涧⑤、天井、天牢、天罗、天陷、天隙，必亟去之，勿近也。吾远之，敌近之；吾迎之，敌背之。军行有险阻、潢井⑥葭苇⑦、山林翳荟⑧者，必谨覆索之，此伏奸之所处也。

注释

①下：洼地。

②养生：便于军队休养。

③处实：驻守在地势高的地方。

④上雨：河流上游下雨。

⑤绝涧：无法通行的山涧。和天井、天牢、天罗、天陷、天隙等都是不利于作战的地形。

⑥潢井：泛指地势低洼的地方。

⑦蒹葭：芦苇丛生的地带。

⑧翳荟：草木繁茂有遮蔽的地方。

译文

孙子说：但凡军队安营扎寨，将帅都喜欢选择干燥的高地，不喜欢潮湿的低洼地区，喜欢向阳的地方，避开阴暗的地方，选择了便于休养生息的高地，能够保证供给充足，将士不容易得病，这些都是必胜的基础和保证。在丘陵、堤坝等地驻军，一定会选择向阳的地带，并让一侧靠山，这些都是对行军打仗有利的方面，是利用了地形的有利条件。河流上游下雨时，水流湍急，此时不宜渡河，应该等水势平缓后再做打算。只要遇到"绝涧"、"天井"、"天牢"、"天罗"、"天陷"、"天隙"等地势，都应马上离开，不该接近。这样的地形我方应该远离，而应该使计让敌人靠近，我军应该面向它，而让敌军背向它。行军沿途有艰险的道路、地势低洼的湿地、芦苇丛生的地方、深山老林以及草木茂盛的地方，都应该在行军前反复探索，这些地方都是敌人容易设埋伏的地带。

解析

君子不立于危墙之下，不让自己处在危险的境地中作战，是战争取得胜利的前提。战场是一个凶险的场所，任何能够占据先机和前期优势的行动都可能为战争的胜利打下基础，任何前期的麻痹大意也会让看似胜券在握的大好形势提前破灭，使看似势均力敌的战争早早失去悬念。

这种情况的出现，正是因为战争不是公平竞赛的游戏，谁也不会本着公平、公正、公开的原则，双方规规矩矩地开到一个指定的地点去实打实地较量。正所谓兵无常势，任何时候、任何场地都会存在影响战争的因素，这种因素正是双方将领用兵不拘常形的结果。因此，战争从形式上的开始，到两军实质上的交战，整个过程都处在权变和诡诈之中，任何的战场环境都有可能被用来克敌制胜。所以，孙子告诫将领要时刻警惕战场环境包含的危险因，避免疏忽大意而将三军置于危险的境地，警惕大战未启，就因轻敌而提前为失败埋下伏笔。

所以，在任何时候，都需要对战场上的危险因素做深入谨慎的分析，以免自己还没有任何防备就已经遭到敌人的攻击。实际上，这也包含了心理常识。在战争前期，士兵都没有在心理上做好充分的准备，任何的准备都很难模拟到真正交战的状态。一旦遭受攻击，就很容易惊慌失措，导致全军溃败。很多将领正是考虑这一因素，将战争提前至敌军没有充分准备的阶段，通过突然攻击，打敌人一个措手不及。正因为如此，孙子告诫将领要懂得对周围的战场环境有足够的敏感性，这既能避免遭受实质上的攻击，又能让士兵在正式交战前就做好充分的准备，以便能以最佳的状态来随时应对敌人的突然袭击。

解读

世事难料，谨慎的人更能占据优势。

在生活中，不管做任何事情，确保一个安全的生存环境，才是一切发展的前提。生活中随时都会面临危机和挑战，很多时候当我们准备大干一场的时候，却提前经历了风险。我们身处的环境中，到处都有可能潜藏危机，如果不能认真审视这些危机的存在，我们就可能在危机到来时手足无措，毫无办法。

千里之堤毁于蚁穴，任何的重大失败都来源于众多小危机的共同作用。很多时候，如果我们对那些危机足够重视，让自己远离有危险的环境，或者为应对危机做好准备，我们就能为自身的发展创造一个安全的环境。如果总是带着侥幸心理，认为对危机的审慎不过是庸人自扰，那么危机就可能会离我们很近。没有充分的准备，小的危机也会给我们带来大麻烦。

在生活中同样如此，生活中的所有事情都是机遇与风险并存的，危机与机遇不可分。怎样在抓住机遇的同时又能避免危险，需要我们提高警惕。在人与人的竞争中，我们同样不能幻想着对手会和我们来一次公平的竞争，在我们看似很安全的环境，就会潜藏着敌人的伏兵。如果只是想着目标，而不懂得在这一路上注意风险，保护好自己，很可能落得个出师未捷身先死的惨状。

危机也能为我们带来机遇。当我们能够认识到危机的存在，而对手却没有认识到，那么，这种危机就成了我们的制胜工具。如何让那些客观存在的危机成为我们战胜对手的工具，也是我们应该认真考虑的问题。正如势均力敌之下，要想赢得胜利，就要看谁犯得错误更少。让自己远离危机，让敌人陷入危机，都是一种制胜的好方法。

面对危机，不同的人会有不同的心态。有的人简单地将危机看作是一种打击，在危机面前显得灰心丧气，怨天尤人；也有的人把危机看作是一场机遇，竭力应对危机，试图能够在危机中更上一层楼，这也反映出一个人能否成就大事的信心。这种应对危机的信心，不是来自对个人力量的盲目崇拜，而是来自对周围环境的细微观察，从风吹草动之中，察觉到未来的风向。

所以，每一个人都应该熟悉我们所处的环境状态。既要懂得周围环境的危险因素，又要懂得利用这些因素，让这些不利因素加诸对手，从而为赢得竞争增加砝码。世事原本就是波浪起伏式的，如果能够了解这种趋势，顺水行舟，就能够转危为机。能够在动态的不平衡中取得平衡的人，注定能将逆境中的劣势巧妙地转变为优势。

行军篇（三）

原典

孙子曰：敌近而静者，恃其险也；远而挑战者，欲人之进也；其所居易①者，利也。众树动者，来也；众草多障者，疑也；鸟起者，伏也；兽骇者，覆②也；尘高而锐者，车来也；卑而广者，徒来也；散而条达者，樵采也；少而往来者，营军也。辞卑而益备者，进也；辞强而进驱者，退也；轻车先出居其侧者，陈③也；无约④而请和者，谋也；奔走而陈兵车者，期也；半进半退者，诱也。杖而立者，饥也；汲而先饮者，渴也；见利而不进者，劳也。鸟集者，虚也；夜呼者，恐也；军扰者，将不重也；旌旗动者，乱也；吏怒者，倦也；粟马肉食，军无悬缻⑤不返其舍者，穷寇也。谆谆翕翕⑥，徐与人言者，失众也；数赏者，窘也；数罚者，困也；先暴而后畏其众者，不精之至也；来委谢⑦者，欲休息也。兵怒而相迎，久而不合⑧，又不相去，必谨察之。

注释

①易：平坦开阔地。

②覆：伏兵。

③陈：通“阵”列阵。

④无约：没有事前约定。

⑤瓿：古代一种盛水用具，这里泛指炊具。

⑥谆谆翕翕：说话和气的样子。

⑦委谢：言辞委婉，满含歉意。

⑧合：两军交战。

译文

孙子说：敌军离我方不远却能保持安静，是因为它占领着险要的地势；敌军离我方仍旧遥远却要交战的，是想引诱我方行军前进；敌军选择在平坦的地方驻军，是因为对他而言有某些有利条件。当草木摇曳而动的时候，多是敌人在隐蔽前进；草丛中有许许多多的遮障物时，可能是敌人布下的疑阵；如果鸟雀受惊而起，那么就是敌人在那里设了埋伏；野兽惊骇而逃窜，那就意味着敌军将要来袭；尘土冲天的时候，袭来的是敌人的战车；尘土贴地飞扬时，袭来的是步兵；尘土四散飞扬，敌人们在拖拽柴薪；若尘土稀疏，时有时无，那是敌人在安营扎寨。如果敌军的使节言辞谦卑，一边却加紧备战备，这是准备进攻的前兆；若使节言辞不客气，而敌方又做出进发样子的，那么敌军就在准备撤退；如果敌人的战车出动，并部署在侧翼，那么敌军是在摆兵布阵；如果敌人事先没有与我方约定就前来议和，那其中一定有什么阴谋；如果敌军急速奔跑，同时排兵布阵，那么就是在准备与我方交战；如果敌人时近时退，那么就是想要引诱我方军队。当敌人倚靠兵器站立的时候，是饿了的表现；敌人在打水之前先喝水，是口渴的表现；敌人看到了时机却不抢占的，是疲惫的表现；如果敌军的营帐上有鸟雀聚集，那么证明敌人已经撤兵；若敌军在夜间惊呼，则是惊恐的表现；如果敌军阵营不够严整，那么敌方的将帅一定没有威严；如果敌军的旌旗摇动混乱，那么证明敌方阵营已乱。如果敌军的将领暴躁易怒，那么说明敌军士气已经萎靡；如果敌军杀掉战马吃肉，那是粮草不足的表现；

若敌方将炊具收起，部队不返回营房，那是敌军已走向末路的表现；若敌方将帅对部下讲话也低声下气，那么证明敌方的将帅已经失去民心；若敌方将帅一再犒赏兵士，那么说明敌军已经没有其他办法；敌方将领一再部署、处置将士，那么证明敌军已经步履维艰，处境艰难；将领若是先暴怒，之后又对部下感到恐惧，那么一定是不精明的将领；若敌军派人前来送礼言和，那说明敌军想休战；如果敌兵气焰嚣张，与我军对峙却又不进攻，也不撤退，那此时就要谨慎小心地观察对方的意图了。

解析

作为战争的主要参与者，人无疑是战争的主导力量。作为战争的主导者，人的能动性也是战争环境复杂多变的主要原因。正因为如此，如何从敌军行动的蛛丝马迹中正确判断其意图，便成为军队将领应该具备的一种能力。

因此，孙子在兵法中告诫军事将领要学会“相敌”，只有在正确判断敌情的情况下实行正确的应对措施，才有可能赢得战争的胜利。正所谓兵不厌诈，每一场战争中肯定都充满了机变的较量。简单地说，就是交战双方都会尽量向对方掩饰自己的行动意图。因此，绝大部分能体现真正战争意图的行为都将是微小和隐蔽的。如何从一些微小的细节中准确判断敌方的军事意图，便成了一个军事将领在战场上面临的重大考验。

在战争中，自然环境无疑是军事将领用来掩饰自己、迷惑敌人的重要工具。因此，孙子在兵法中详细列举了一些地形地势等自然环境的征象所体现的敌军的行动意图。孙子的战争理论虽然受时代环境的影响，有一定的局限性，但他强调通过对一些细微处表现的细节，进行慎重和深入地分析推理，得出这些现象的本质，却是值得万世推崇的。孙子的这些理论将行军作战这种人类活动上升为一种系统的经验和理论，体现了他超凡的军事才能。即便在已经进入经济和信息时代的今天，这种军事思想依然具有很高的参考价值。可以毫不夸张地说，这种思考问题的方式，在世界任何一个领域都能广泛应用。

解读

“细节决定成败”，这既是无数成功人士的感言，也是那些失败者的血泪总结。做任何事情，方向性的宏观决策指引固然重要，但要做出正确的决策并让决策能够成功实施，具体性的细节考察和实际工作中的细致落实是其中的关键。

有些人标榜“不拘小节”，做事情总是粗枝大叶，而没有把细节做到位，结果一切的成功都成了不切实际的虚幻。实际上，我们把任何事情看作是一个宏观的工程时，细节就是它的组成部分。当我们将其中的每一个细节做好，事情的成功也就水到渠成了。

生活中，我们接触到的很多事情都只是表面现象。如何通过现象来认清事情的本质，才是考验一个人的解读能力的重要标准。如果我们只是不假思索地将表面现象当成事物的实质，我们就生活在一个肤浅而虚假的世界里。身边的人说话是真的还是假的？身边的人在我们眼前的一些行为是想向我们表达什么样的意思？还有我们每天经历的那些事物，它们的外表之下都蕴藏着些什么？这些都是我们需要思考和分析的。我们得到答案，并加以解决，才能为我们的现实生活提供真实的动力。所以，我们在生活中遇到任何事情都要首先多问几个为什么，将自己训练成一个爱思考、会分析的人。再通过时间的历练，我们就会练就一双慧眼，透过那些纷繁复杂的表面现象，去伪存真，看清事情的本质。

而在当今这个信息爆炸的时代，我们每天都要面对大量信息，对信息的甄别和对身边环境的观察一样，都让我们大伤脑筋，而辨别真伪的最重要方法，就是细致入微地观察。从大量信息中甄选出对自己有利的那部分，并加以利用，定能为自己带来成功的机遇。

1875年春的一天，美国一家报纸刊发了一条在墨西哥发现疑似猪瘟病例的新闻。由于新闻并不是刊登在报纸的头版，并未引起美国民众的注意。虽然只有短短十几个字，美国企业家菲利普·亚默尔却从中看到了商机。但这只是个直觉，在一切都没弄清楚的情况下，这条信息的商机和风险都很大。不过，这已经给亚默尔去进行求证带来了强大动力。于是，亚默尔拉上了一个医生去墨西哥当地实地探访。在抵达墨西哥后，亚默尔请医生帮忙确认当地是否发生了瘟疫。得到肯定的答复之后，亚默尔马上采取行动，把自己全部的钱购买了肉牛和生猪，并把这些牲畜运到了美国的东部。果然不久之后，受墨西哥猪瘟的影响，作为美国牲畜主要供养基地的美国西部也爆发了牲畜瘟疫。联邦政府下令，被瘟疫波及的这几个州的所有牲畜禁止外运。美国全境的牲畜价格暴涨，亚默尔的这次大胆投资获得900万美元的回报。

由此可见，见微知著是不可或缺的能力。一个人想要获得发展，就必须从环境的细微变化中，了解最真实的信息。当然，我们的能力有限，无法获得所有信息，特别是当别人有意隐瞒的时候，我们几乎无法得到确切的消息。这时，我们就要对所有相关信息深入分析，找出那些平时难以了解的真实状况，做出合理和有效的判断，制定相应的方案。

随着时代的发展，人们越来越重视微观现象对整个宏观环境的决定性作用。只有立足于这些细枝末节，从微观现象或是竞争对手极力掩饰后留下的蛛丝马迹之中，我们才能看到一个更清晰和真实的宏观世界，才能做出最有效的决策。

行军篇（四）

原典

孙子曰：兵非益多也，惟无武进[1]，足以并力[2]、料敌、取人而已；夫惟无虑而易[3]敌者，必擒于人。卒未亲附而罚之则不服，不服则难用也；卒已亲附而罚不行，则不可用也。故令之以文，齐之以武[4]，是谓必取。令素行以教其民，则民服；令不素行以教其民，则民不服。令素行者，与众相得[5]也。

注释

①武进：凭借个人勇武贸然前进。

②并力：集中军事力量。

③易：轻视。

④齐之以武：用严厉的军法整肃军纪。

⑤相得：相互信任、依赖。

译文

孙子说：行兵打仗不在于兵士越多越好，只要不轻视敌人、贸然进攻，懂得集中兵力、明辨敌情、获得部下的支持与信任就够了。如果是没有深谋远虑而且轻视敌人的人，那么一定会成为敌军的俘虏。如果在兵士还没有亲近、依附自己的时候就惩罚他们，他们一定不服，而不服的兵士无法指挥他们作战。若是兵士已经亲近、依附了，却没有对其应用军规军纪，那么这样的兵士也无法指挥他们作战。所以，需要用宽厚仁义的政治道德手段去教育他们的思想，用军规军纪来规范约束他们的行动，这样就能获得兵士的敬畏和拥戴。平日里能够严格执行军规军纪，管教兵士部队，那么兵士就会习惯于服从指挥；若平日里不能贯彻执行军规军纪，对兵士加以管教，兵士们就不会习惯服从。若是将帅平日的命令兵士们都能够执行，这就说明将帅和兵士之间关系融洽。

解析

作为构成战争的主要因素，人一直都是战争的决定性力量。俗话说："人多势众"、"人多力量大"，可见人员规模对战争的胜负的重要作用。但是，现实的问题是，很多时候，军队规模的大小或者说人数的多少并不能对战争起到决定性作用。其中的重要原因就是：战争是一种群体性行为，它比拼的是整个作战群体的综合实力。这种力量并不是简单地叠加，而需要协调和整合。

两军交战，军队能够以少胜多的一个重要原因就是团队的整体作战能力强。那些看似人数规模庞大的军队，如果不能很好地进行管理，将军队的每个士兵凝聚在一起形成一种合力，人数再多也是一帮乌合之众，毫无整体战斗力可言，这样的军队就会吃败仗。

军队的管理很重要。因此，孙子在兵法中强调了治军的重要意义。作为将领，不能只想着打胜仗，平日的治军过程中，必须要有方式方法。只有在日常的生活中把军队治理好了，才有可能在战争中赢得胜利。如果手中没有一支战斗力强的军队，任凭将领在战场上有多么高明的指挥水平都无济于事。

拥有一支纪律严明、战斗力强的军队，是军事将领进行正确指挥，赢得战争的前提和基础。因此，作为一个现实主义者，孙子除了从战略的高度提出了兵不在多而贵在精的理念，同时也给出了具体的意见，也就是要在管理过程中，通过合理有效的方法，把军队训练成强大的作战力量。只有这样，才能为赢得胜利准备好先决条件。

解读

孙子提出的军队管理，完全可以应用到现代企业的管理之中，直接指导领导者的行为。在企业管理中，要想成为一个优秀的管理者，首先就要能够对行业的发展有准确的把握，能够制定出实用而具有前瞻性的决策。此外，一个重要的条件就是能够打造一支强有力的工作团队，让团队中的每一个人都能各司其职，尽显其能，各成员之间形成有机的整体。再加上对每一个员工的合理驾驭和使用，这样才能让自己成为任何竞争中的胜利者。

领导者必须重视制度的作用，制度既包括具体的规章法则，也包括团体的原则。管理过程中，在涉及一些大是大非的问题时，管理者一定要坚持原则，严格执行。作为企业管理者，在一些重大问题上，一定要有说一不二的铁腕强权式管理。要让所有的企业员工都能从心底明白，这个团队你说了算，越过雷池一步就一定会遭到处罚。国有国法，家有家规，不管是一个国家还是一个企业，都需要有一套严格的规章制度来保证正常运转。这些规章制度的权威性需要以严格的落实作为保障。只有这样，才能上下一盘棋，维护整个团队的纪律。

当然，在一些细节问题上，领导也要懂得对下属进行关怀。要让下属对你产生亲近感，从而让下属能够依附你。不管是什么样的管理制度，管理者都要清醒地认识到，我们管理的是人，而不是机器。人是一个讲究感情的动物，人和动物最大的区别在于人具有主观能动性，而情感的动力对企业员工能动性的发挥具有重要的作用。

想要调动职工的积极性，仅有严格的管理是不够的，必须要用人文关怀来让企业员工体会到你对他们的爱护和尊重。只有这样，他们才会有归属感，才能在情感因素的推动下为企业的发展尽显其能。如果总是用严厉的制度来管理下属，很容易让下属觉得你没有人情味，久而久之，员工也会越来越不满，从而产生逆反心理，让上下级之间出现裂痕。而太过人性化，虽然能让下属和你的关系融洽，但是也会在一定程度上影响公司的整体纪律，导致下属在工作中出现懒散拖拉的现象，从而影响工作效率，给公司的发展带来不利影响。这个度的把握也是对管理者的一个重大考验。

想当好一个优秀的管理者，除了有好的管理方式和方法之外，管理者自身必须具备相应的能力。首先要有沟通能力，要学会倾听下属的意见，以保证管理制度能够被员工接受。如果将自己和下属割裂开，不但不能树立你的权威，反而会导致你和下级之间离心离德。沟通的另一个目的是要让员工了解你想让他们做什么，这么做的目的和意义是什么，这样才能调动起员工的工作积极性，在实现目标的过程中充分发挥主观能动性。

其次，作为企业的领导，必须要有协调能力。要对下属成员的情绪进行全面了解，并懂得通过一定的手段来化解他们的情绪，以便让整个团队始终处于一种上下一心的和谐环境中。

另外，要成为一个好的领导，必须要有强大的执行能力。很多领导在管理时建立了一套制度，可是对于如何去执行却没有一点办法。结果导致下属有令不行，规章制度也成了一堆废纸。长此以往，管理者的个人威信就会遭受损害。

所以说，在企业的管理中，如何用正确的管理手段来打造一个富有战斗力的团队，是企业在竞争中能够以弱胜强的关键。也许每个企业都能招到人才，但是如果不懂得管理和驾驭，不能通过协调和整合让员工形成一种集体的力量，那么再多的人才都没有用，再好的规划和策略都难以得到有效执行，企业也就失去了赢得市场竞争的基础。

第十篇　地形篇

地形篇（一）

原典

孙子曰：地形有通者、有挂者、有支者、有隘者、有险者、有远者。我可以往，彼可以来，曰通；通形者，先居高阳[①]，利粮道，以战则利。可以往，难以返，曰挂；挂形者，敌无备，出而胜之；敌若有备，出而不胜，难以返，不利。我出而不利，彼出而不利，曰支；支形者，敌虽利我，我无出也；引而去之，令敌半出而击之，利。隘[②]形者，我先居之，必盈[③]之以待敌；若敌先居之，盈而勿从[④]，不盈而从之。险形者，我先居之，必居高阳以待敌；若敌先居之，引而去[⑤]之，勿从也。远形者，势均，难以挑战，战而不利。凡此六者，地之道也；将之至任，不可不察也。

注释

①高阳：地势高的向阳之地。

②隘：隘口。

③盈：用兵填满隘口，对其进行封锁。

④从：追逐攻击敌人。

⑤去：离开。

译文

孙子说：地形可以分成“通”、“挂”、“支”、“隘”、“险”、“远”等六种。我方可以到达，敌方也能到达的地方即为“通”。在“通”地作战的时候，要先于敌军占领向阳的高地，并保证粮道的顺通，这样在战争中有利于我方。方便前进，不易后退的地区为“挂”。在“挂地”作战时，若敌人疏于防备，那么我方攻击便能取胜，若敌人有了防备，我方攻击就不易取胜，而且很难撤退，这样在作战中我方居于不利位置。我方不利于作战，敌方也不利于用兵的地形成为“支”。在“支”地作战，敌人就算挑衅引诱，我方也不能出击，此时应该引诱敌人行军，当敌人移动一半的时候进攻，这样才对我方有利。在隘口作战，我方要比敌军先到，重兵抢占隘口，然后等待敌兵出击；如果敌方先占领隘口，并在那里布下重兵，那么我方就不要去攻击，若敌人驻守隘口的兵力薄弱，我方就要攻取隘口。在险要的地区作战，如果我方先占领了那里，就要在开阔向阳的地方驻军，严阵以待；若是敌人先占领了，那我方就应该退兵，不要出击。若是在敌我相距较远的地方作战，双方势均力敌的时候，我方就不宜前去宣战，勉强交战，这样非常不利。以上的六点，是作战中运用地形的原则；注意到这六点是将帅的责任之一，非常重要，不能不进行深入地考察研究。

解析

天时不如地利。在战争中，尤其是在古代战争中，地形一直是将领临场指挥必须要考虑的最重要因素之一。地形之利并不是所有战争都会有，因为战争本身就是无常势无常形的，任何地形都可能成为战场。很多情况下，地利就成了一个相对的概念，也许战争的双方都是在相同的地形环境中作战，或者地形对双方的作战都是不利的。这时候，将帅的临场指挥就成了赢得地利的关键。谁的用兵方略能够和地形匹配得更恰当，谁就将占据地形之利。这考验得是将领用兵时对客观战争场地的顺应能力。

地形是死的人是活的，地形永远都是战争的附属条件，关键就是临场指挥的将领要懂得各种地形的用兵方式。用兵方式对了，地形的优势就能进一步成为创造战场胜势的工具；反之，则会让军队陷入险地。相同的地形，会因为双方用兵是否得当而产生完全不同的影响。

如果处在绝对的地形劣势下，就需要对敌人凭借的地形优势进行合理的应对，不要用处在地形劣势的军队和占据有利地形的敌军硬拼，更不能让敌人的地形优势成为实施诡道的工具，让地形的优劣成为战场胜负的主宰。

懂得各种地形的合理用兵之法，即使没有占据地形优势，也能让军队不被地形劣势所累，更不会让敌军借地利造胜势。孙子的这种人定胜天的思想，充分诠释了人的主观能动性对客观的战场环境的适应性和改造能力，也是在鼓励将帅在战场中要充分调动自己的智谋和权变，通过对客观环境的清醒判断，用自身的行动来掌握战场的态势，这些都是临场指挥的将领应该具有的能力和担当。

解读

环境是相对静止的，人是灵活的。

在现实生活中，我们必须要有正确的自然观。人类自诞生以来经历了敬畏自然、改造自然、再到追求人与自然和谐统一的思想转变的过程。这既是一种自然观的变化过程，从更大的范围来看，也是一种人类对主观意识和客观事物之间辩证关系的认识过程。这种思想转变是长期以来和自然打交道得到的经验教训的总结。

人在自然中生活，首先要尽可能地去顺应客观规律，以便能在利用自然环境时尽可能地减少阻力。但是，人作为高度社会化动物，要想让周围的环境能够更加符合社会化的生活，就必须对自然环境进行社会化的改造。这时，人的主观有时不可避免地会违反自然规律，对自然环境造成破坏。这在一定程度上符合人类的现实需要。从更加广泛的程度上来讲，人的主观能动性对客观事物的影响作用到底有多大?

在当今社会，主观能动性已经越来越得到人们的重视。强大的主观能动性，意味着我们能够对周围的客观事物和环境状态有强大的适应力和改造力。那些主观能动性强的人往往能让人觉得他总能创造奇迹、无所不能，而主观能力弱的人则显得平凡。很多人认为能力、智商这些基础性的素质是决定胜败的关键，这些东西既要靠主观能动性来获得，也要建立在主观能动性的基础上才能发挥。

人类出生之时，几乎和一般的动物没有什么区别，婴儿的个体差异并不大。但是随着不断成长，我们就会发现“人与人之间的差距太大了”。这其中，人的主观能动性发挥了最大作用。尤其当我们身处逆境时，如何去转变这种不利的环境，同样考验着一个人的主观能动性。在社会中，一个具有强大主观能动性的人，会在行动上和成果上得到充分地展现。

有这么一个流传很广的小故事：麦克和杰米同时受雇于一家店铺，拿同样的薪水。一段时间后，麦克加了薪水，杰米却常常挨罚。杰米想不通，老板为何厚此薄彼?老板于是说：“杰米，你现在到集市上去一下，看看今天早上有卖土豆的吗?”一会儿，杰米回来汇报：“只有一个农民拉了一车土豆在卖。”“有多少?”老板又问。杰米没有问过，于是赶紧又跑到集上，然后回来告诉老板："一共 40 袋土豆。""价格呢？""您没有叫我打听价格。"杰米委屈地说。

老板对杰米说："你不用去了。"接着他叫来了麦克，任务还是去集市上去看看有没有土豆卖。麦克回来向老板汇报："今天集市上只有一个农民在卖土豆，一共 40 袋，价格是每千克 25 美分。我看了一下，这些土豆的质量不错，价格也便宜，于是顺便带回来一个让您看看。"麦克边说边从提包里拿出土豆，"我想这么便宜的土豆一定可以赚钱，根据我们以往的销量，40 袋土豆在一个星期左右就可以全部卖掉。而且，咱们全部买下还可以再适当优惠。所以，我把那个农民也带来了，他现在正在外面等您回话呢。"等麦克走了以后，老板对杰米说："你现在看到你们两个的差距了吧？"

在这个故事中，杰米的智商未必比麦克差，毕竟他们所做的都是简单的工作。但是，两个人能动性的差距却让他们在工作中拉开了距离。所以说，在现实生活中，不管任何时候，我们都要注重自身的存在价值，要相信自己的创造能力和对生活环境的改造能力。如果我们总是抱着给什么材料做什么菜的思想，将自己禁锢在客观环境中，只是被动地接受，不懂得去改变和创造，那么我们的人生将注定没有色彩和激情，更不会创造出惊天的奇迹。

地形篇（二）

原典

孙子曰：故兵有走①者，有驰②者，有陷③者，有崩④者，有乱者，有北者，凡此六者，非天之灾，将之过也。夫势均，以一击十，曰走。卒强吏弱，曰驰。吏强卒弱，曰陷。大吏⑤怒而不服，遇敌怼⑥而自战，将不知其能，曰崩。将弱不严，教道不明，吏卒无常⑦，陈兵纵横，曰乱。将不能料敌，以少合众，以弱击强，兵无选锋，曰北⑧。凡此六者，败之道也；将之至任，不可不察也。

注释

①走：逃跑。

②驰：散漫。

③陷：懦弱

④崩：无组织性的溃散。

⑤大吏：军中的中级将领。

⑥怼：不满、不平。

⑦无常：纲常，古人提倡的伦理。这里指上下级之间的纲常。

⑧北：古人以北指代失败。

译文

孙子说：军队失败的情况可以分成“走”、“驰”、“陷”、“崩”、“乱”、“北”这六种。这六种情况出现的时候，不是天灾所造成的，而是将帅的过错。敌我势均力敌的时候，如果我方以相对薄弱的兵力去攻打十倍于我方的敌人，因此导致失败的情况即为“走”。兵士强悍而军官懦弱导致的失败，被称作“驰”。将帅强悍而兵士懦弱导致的失败，叫作“陷”。副将因为愤怒而不听从主帅指挥，擅自发令出兵，将帅却不能理解副将的指挥能力，因为这种情况导致的失败即为“崩”。主将软弱没有威严，治军缺乏章法，致使军规军纪不明确，兵士缺乏纪律性，布阵杂乱无章导致的失败叫作“乱”。将帅无法正确判断敌情，以少击众，以弱击强，作战的先锋部队不是精锐力量，因此导致失败的情况叫作“北”。以上的六种情况，都是战争必会失败的情况；这是将帅的责任所在，是必须要进行认真的考察研究的。

解析

战争的胜负受多种因素影响，要想赢得战争的胜利，首先要将自己一方的各个方面的准备做到最好。军队的上下团结一心、将帅间和睦的同僚关系、正确的指挥方略，都是赢得胜利的第一步，这也是指挥作战的将领必须要解决的问题。

指挥战争是一门艺术，很多时候，双方将领胜负的关键不是谁的指挥方略更准确，而是看谁能在关键时刻尽可能少犯错误。将领和士兵都是凡人，尤其在艰苦的战争环境下，每个人的心理都承受着极大的压力。出现错误也是战争中最常见的现象。错误有很多种类，将领的主观错误应该尽量避免。

所以，作为军队的统帅，将领要尽可能地将自身的问题处理好。很多将领都爱将战场的胜负归结于战场的客观现状，不愿意从自己身上找原因。这既是对自身问题的忽视，同时也是对主观因素对客观环境影响力的认识不足。

实际上，主观问题是战场环境下不可避免的。这是因为战场的双方都处在信息失衡的状况之下，无论是对敌方的信息，还是战场环境，都不可能有全面地了解，这就为战争中出现错误决策带来了必然性。

作为一个负责的将领，对战场上任何错误的出现都有不可推卸的责任。军队中大部分的客观问题，都可以在将领有充分的思想认识下得到解决。从古到今，每个成功的人都可以在自己的胜利中找出不少错误，但他们最终赢了，这是因为他们比对手犯得错要少。因此，孙子在兵法中强调了将领的作用和应该承担的责任。不要忽视自身主观因素对军队建设以及战争胜负的影响。在任何情况下，将领都需要关注和检讨自己一方的问题。同时要建立完善的纠错机制，把问题和错误消灭在萌芽状态，而不要带到战场，成为影响战争胜负的因素。

解读

自我检讨是一种可贵的能力，反映了一个人的品格。

每一个人都曾经在生活中遭受过失败，却不是所有人都会在失败过后总结经验教训。很多人不能正确区分，失败是客观条件不允许导致的必然结果，还是自己本身出了问题。很多人都会在做一件事情之前信心满满，认为自己已经完全准备好了，一切都已经达到了完美状态，一旦事情没有成功，就会推卸责任，把失败的责任完全归咎于客观环境。

国学经典《中庸》中有这样的句子，“子曰：‘射有似乎君子，失诸正鹄，反求诸其身。’”意思就是说射箭的时候，如果没有正中靶心，不要怪靶子不正，而要从自身的箭术不精找原因。懂得从自身找原因，既是一种良好的个人修养，更是一种让自己在生活中获得成功的良好习惯。当我们将自身问题作为获得成功最重要元素的时候，我们才会在做任何事情之前，要求自己做到最好。

在人生道路上，做一个最好的自己，是成功者的信条，靠天靠地靠父母靠朋友都不如靠自己。外部因素的变化都不是自己能够左右的，我们唯一能够掌控的就是自己。很多人都喜欢为自己的失败找借口，说到失败，他能将各种外部因素说得头头是道，就是和自己一点关系没有。这样的行为虽然暂时维持了个人面子，但是长此以往就会成为一种习惯，而这种习惯是一种失败的习惯。那些推卸辩解之词，说多了可能就会把自己也说服了，于是自己在自己心目中就是无敌和完美的。实际上这并没有从客观上提高自己，反而会让一个人整天陶醉在自我编织的美梦中无法苏醒。思想上高傲散漫，能力上得不到提高，遭受的失败也会越来越多，最终就会变成一个麻木的失败者。

在竞争中，胜负是双方共同作用的结果。但是在这其中，你能够掌控的只有自己这一方。要想赢得胜利，我们不能祈求一切客观条件都站在我们这一边，也不能祈求对手能力比我们差，准备没有我们充分。我们只能保证自己做到最后，让一切水到渠成，这样的人才能成为生活中的强者。

一个军官去基层部队视察，看到一个士兵戴的帽子太大了，几乎把眼睛都遮住了，于是问他："你为什么戴这么大一顶帽子呢?"士兵回答："报告长官，不是太大，而是头太小了!"军官听了哈哈大笑说："明明是帽子大为什么你却怪自己的头小呢?"士兵回答："要在自己身上找原因，而不是从其他方面找借口。"这个士兵就是后来成为美国二战名将和美国总统的艾森豪威尔。

很多人都不能在失败面前做到自我反省，只是用那句苍白的"至少我曾经努力过”来安慰自己，或者总是想着自己已经做得很好了，只是对手表现得更好，自己就是差了一点点运气而已。这些话有自我鼓励和肯定的意思，可以让失败后的我们保持心理上的平衡，不失为一种自我安慰的好办法，但有时候也会阻碍我们发现自己的错误与不足，让我们不能真正克服缺点，成为一个最好的自己。

很多人不断打拼，却屡战屡败，越挫越勇。精神固然可嘉，但他们却没有反思过，为什么会接二连三地遭受失败？如果没有在事前做好充分的准备，失败后做认真地总结，不要让自己犯相同的错误，在开始实施之前将造成前一次失败的外部因素尽可能地排除掉，那么我们的再一次的尝试当然只是在继续上一次的错误，失败也是在所难免的。一味蒙头硬闯很难收到实际效果，不过是撞了南墙再撞，头破血流到脑震荡的愚昧过程。

地形篇（三）

原典

孙子曰：夫地形者，兵之助也。料敌制胜，计险阨远近，上将之道也。知此而用战者必胜，不知此而用战者必败。故战道[1]必胜，主曰无战，必战可也；战道不胜，主曰必战，无战可也。故进不求名，退不避罪，唯人是保，而利合于主[2]，国之宝也。

注释

①战道：指符合战争胜负的规律。

②利合于主：符合君主的利益。

译文

孙子说：在战争当中，地形条件是支持作战的重要辅助条件。正确判断敌情，掌握地形的险易条件，计算出道路的远近距离，这是高明将帅用兵作战的必备方法。懂得此法的将帅指挥作战必将胜利，没有掌握这些方法的指挥作战，必败无疑。所以，掌握了我方必胜的规律条件就一定会胜利，就算是国君下令不打，也可以坚持作战；若是分析过后发现我方难以取胜，那么就算国君下令要战，也可以不去作战。所以说，将帅用兵作战并不为功成名就，退兵回避也并非为了逃避罪名，而是为了保全国家百姓，为了君王的利益，这样的将帅可以说是国家宝贵的财富。

解析

孙子认为，责任感是一个将领在战场上最重要的素质之一。只有在强烈责任感的驱动下，将领才会将战场的准备工作做到一丝不苟，为赢得胜利做好充分准备。在对战争形势充分把握的情况下，能够顶着巨大的压力排除后方君主的命令，不为贪图战功而战，在战争失败后也不推卸责任，勇于担当。为了百姓的福祉和国家利益，能够将个人利益抛诸脑后。这样的将领才可以称得上优秀的将才，拥有这样的将领也是一个国家的福气。

在古今中外的军事领域，有些将领军事天赋并不好，但是凭借着强烈的责任感，他们能够在工作中严格要求自己，有更强的求胜欲望。能够清楚认识到自己对战争胜负，以及背后的国家和百姓的作用。站在这种角度上看问题的将领，也更有大局意识和战略眼光。正因为如此，他们才能成为常胜将军甚至是千古名将。

能力越大责任也越大，反过来，责任感越强同样也会释放出巨大的能量。责任感所激发的无与伦比的强大能量在每一个领域、每一个人身上都能得到体现。当我们带着强烈的责任感去做一件事情的时候，我们的思想境界就会截然不同，我们的眼界也随之变宽、变远，自然也能做出非凡的成绩。

解读

一切人生履历都应该排在认真负责的精神之后。

责任是一种担当，是一种制约力，更是一种强大的动力。责任是发自内心的情绪，与我们的生活密切相关：有责任感的人在处理各种小事上都能体现他的认真与周到；“细节决定完美，责任决定成败”，责任是最关键的理念和价值观，同时也是规范一个人行为的准则；假如你把工作当成一种责任，那么你每天生活将是充实和满含激情的，假如你没有责任感，那么工作在你眼中就只是繁琐枯燥的糊口营生，生活也将是无聊和空洞的；在人生的道路上遭受挫折时，我们是继续前进还是转身逃跑，也许就是是否承担责任的一种抉择。

很多成功人士在被问到最大的对手是谁的时候，大部分的回答都是“自己”。这个答案从何而来？来自他们在艰难的困境中，反复叩问自己内心的责任感，是不是足够让自己去承担成功路上的艰难甚至失败时候的打击。真正的责任感不是挂在嘴边的口头禅，而是人们调动自身的一切力量，来把事情做完做好的动力源泉。

生活中，我们常常会听到很多人在失败之后，用“我已经尽力了”、“对不起，我也不想这样的”之类的话为自己开脱。这些话里面有多少客观性且不说，但并不是一个有强烈责任心的人会说出口的。当我们在为自己开脱的时候，既是一种对工作失误或失职的掩饰，同时也在暗地里给自己卸下担子。这代表着他们的责任心不够，碰到困难更会加速消解。长此以往，这类人会在每一件事情上面有同样的心理过程。这样的人显然难以获得成功，因为成功并非易事，没有责任感来抵御困难的重压，成功也将会是一种空想。

一个人的能力有大有小，但是责任感却可以无限增大。能力的发挥必须建立在责任感的基础之上，一个有责任感的人才会有机会展现自己的最大能力，甚至实现超水平发挥。一个人的能力是可以增长的，因为一个人的潜能是无限的。在强烈的责任感的助推下，一个人就会沿着能力不断增长的大路一直走下去。

正因为如此，有些人就会在能力和责任感的选择上更倾向于责任感，因为他们相信，一个人的能力就算不强，只要有强烈的责任感，即使在将工作做好的情况下，他们也会不断提高自身的能力以满足需要；而那些能力强却没有责任的人却正好相反，他们的能力可能长期保持在相同的水平，即使现在能够满足工作的需要，一旦今后的工作难度加大了，他们就很有可能被淘汰。

一个小伙子去一家公司应聘，公司的主管领导考核了一下，觉得小伙子的能力不够，决定不录用他，准备以回家等消息的借口打发他走。正在这个领导准备起身的时候，他的手掌被桌角伸出的小钉子划出了血。小伙子走到桌角边，试着用手拔出钉子，结果没有成功。小伙子想了一下，接着找来一块厚纸板，将钉子砸了进去。这位面试的领导改变了主意。他对小伙子说，虽然我觉得你的能力还没有达到要求，但是我相信你的责任心能够帮到你。

实际上，很多用人单位通过长期的总结，越发重视员工的责任感。在实际的工作中，责任可以决定员工对待工作的态度，而对待工作的态度，决定他的工作成绩。这些考验不仅仅是在考察员工的情商有多高，更多的是基于对现实工作的需要。当员工对工作有责任心的时候，还意味着公司不需要花大力气监督他们是否在工作中投机取巧、偷懒耍滑。员工的能力不强，只要用心培养，提高他们的技能，他们将会是公司长期发展可以信赖的中坚力量。

对那些有责任心的人来说，我们的工作也许会付出比一般人更多的努力；勇于承担失败的责任，也许会让我们遭受更多的批评；对家庭负担承担得更多，也许会给我们带来沉重的负担。但是，是金子总会发光，正是因为有这一份强烈的责任感，我们的生活才会多姿多彩、硕果累累。桃李不言下自成蹊，哪怕你如何地埋头苦干、不事张扬，你身后的一份份亮眼的成绩单就是你最好的代言。

地形篇（四）

原典

孙子曰：视卒如婴儿，故可以与之赴深溪[①]；视卒如爱子，故可与之俱死。厚而不能使，爱而不能令，乱而不能治，譬若骄子[②]，不可用也。 知吾卒之可以击，而不知敌之不可击，胜之半也；知敌之可击，而不知吾卒之不可以击，胜之半也；知敌之可击，知吾卒之可以击，而不知地形之不可以战，胜之半也。故知兵者，动而不迷，举而不穷。故曰：知彼知己，胜乃不殆；知天知地，胜乃不究。

注释

①深溪：水深的溪流，这里指险境。

②骄子：娇宠儿女。

译文

孙子说：对待兵士就如同对待婴儿一样，这样在险境当中士兵也可与将帅共患难；将兵士看作自己儿子那样对待，那么兵士便可与将帅同生共死。如果将帅厚待兵士却不驱使他们，娇宠他们却不命令兵士，就算违法乱纪也不会根据军规处理，这样兵士便如同恃宠而骄的孩子，这样的兵士是无法指挥他们作战的。了解我方的情况可以作战，而不了解敌方的情况不能作战，这样胜利的概率只有一半；掌握敌方可以作战，而不知道我方不可以作战，这样胜利的概率也只有一半。掌握敌人可以作战，也了解我方可以作战，但不了解地形不利于作战，这样的情况能够取胜的概率也只占一半。所以，懂得用兵作战的将帅，他在行动时不会迷茫，采取的战术计策也是变幻无穷的。所以说：了解自己和敌人，在作战时便可胜利，没有危险；掌握了天时地利及其他客观条件，就能一直制胜。

解析

孙子在兵法中提出了“要治军，先爱兵”的思想。在军队中，将领和士兵有上下级的关系，士兵必须服从将帅的指挥。但是，作为单独的人，每个士兵都有强烈的个人感情。这种主观感情，也是将领在治军和作战过程中的一种不确定因素。因此，孙子在兵法中提醒将领要爱护和体恤下属。要在命令之外，让士兵在心理上依附将领。只有这样，士兵才能在战时绝对服从将领的指挥，整个军队上下能够团结一心，共赴生死，这样的军队才能展现出强大的战斗力。

孙子的这一思想，正是建立在中华民族“君仁者制仁”的思想基础之上的，同时也符合治军和作战的客观现实。如果一个将领只会用军令和严苛的刑法来管理军队，相当于一个君王只会用苛政统治人民，虽然表面上能够让军队维持好的纪律，但是这种纯粹用制度和刑法建立起来的军队很难长久保持稳定。

尤其是在复杂战场环境和你死我活的战前厮杀中，如果士兵没有在心理上和将领靠在一起，就很难确保他们能够经得起生与死的考验。那些平时看起来军容齐整的军队，往往会在战事吃紧的情况下出现溃散，原因就是士兵们在心理上没有真正和将领保持一致。所以说，一个优秀的将领，在平时不但要实施严格的管理，还要懂得凝聚人心，只有这样，才能打造出坚如磐石、战无不胜的军队。

解读

仁者爱人，人恒爱之。

中国是一个文明古国，人际关系的和谐一直是国人追求的目标，如何与身边的人打交道一直都是整个中华民族思考和探索的话题。中国有句古话：善有善报。当我们用爱人之心去对待别人时，我们也会得到别人的关爱。哪怕我们没有得到对等的回报，至少我们的内心是阳光和快乐的，就像人们常说的“赠人玫瑰手有余香”。

那些整天想着去算计，去想从周围的人那里获利的人，他们得到的只是蝇头小利，并不能体会发自内心的快乐。因为这样的人总是活在阴暗的世界里，让自己的良知被一点点损耗。这样的人生又有什么意义呢？我们在生活中常常会看到，那些整日里利字当头的人，不但得不到利益，反而常常因小失大，损失惨重。而那些乐善好施的人虽然不图回报，但往往因此受益匪浅。

有这样一个故事。一个饥渴交迫的小男孩为了讨一杯水喝敲开了一户人家的房门。开门的是个漂亮的小女孩。男孩说明来意，女孩很爽快地答应了，接着从厨房端出来一大杯牛奶。男孩有点手足无措，但他还是接过牛奶一口气把它喝光了。喝完之后，男孩问小女孩：“我该给您多少钱呢?”女孩微笑着说：“不用给，我妈妈说了，施以爱心，不图回报。”

多年以后，曾经的小女孩得了一种奇怪的病，在当地很多医院都没治好，不得不转到大城市的医院去。医院为此进行了专家会诊，而主持会诊的正是曾经的那个小男孩——著名的霍华德·凯利医生。凯利医生看了病人的资料，马上就认出了病人就是曾经给过自己牛奶喝的小女孩，他决心竭尽全力治好这个病人。经过一段时间的精心治疗，女人的病被凯利治好了，当她准备去交医疗费的时候，被告知已经有人替她交了。女人接过缴费单，只见上面写着“医药费：一杯牛奶”。

我们在生活中常常看到这样的口号：“关爱他人，善待自己。”这看似是两个意思，但却能带来相同的效果。我们关爱他人实际上就是在善待自己。一个人的生活环境，不仅仅是周围的那些花草树木，更重要的是我们周围的人际关系网。要想有一个好的生活环境，我们需要带着真心和善意去经营好人际关系。

物以类聚，人以群分，个人的为人处世将决定他周围的人际关系。我们如果有一颗善良之心，懂得去关爱身边的人，那我们周围也将会是这样的朋友。由这些人构筑的周围环境对自己的生活肯定是有益的。正因为如此，当我们处在一个充满温情和关爱的生活环境下的时候，我们是不是觉得很幸福和快乐呢？不仅是一个人会是这样，一个国家一个社会同样如此。在和谐和相互关爱的社会中生活，每一个人都是受益者。如果每一个人都能在别人需要帮助的时候施以援手，那么在自己遇到困难的时候也会得到周围人的帮助。

人与人必然互相影响，单位里的同事之间、上级与下级之间，都处在一个相互影响的体系中。下级需要上级的工作照顾，上级也需要下级的拥护，同事之间需要相互配合来实现共同的目标。因此，每一个人都应该让自己周围的人际关系变得和谐友善。只有这样，大家才能成为事业上相互帮助的伙伴。如果把同事看作是自己发展道路上的绊脚石，相互竞争排挤，不但不利于内部团结，还会影响公司发展，团体的低迷也会给自己的事业带来影响。

一个懂得爱护他人的人，不论在什么位置，都能得到旁人的尊敬与爱护。作为底层员工，他对同事的善意、对工作的热诚、对上司的忠诚，都能给他带来更多机会；当他成为领导，他不会把员工当成使唤的工具，他会得到下属的支持和拥护，事业的发展也就有了支持的基础。正所谓：“得民心者得天下”，真心实意的待人之道，能给你的事业带来强大的助益。

第十一篇　九地篇

九地篇（一）

原典

孙子曰：用兵之法，有散地，有轻地，有争地，有交[①]地，有衢地，有重地，有圮地，有围地，有死地。诸侯自战其地，为散地。入人之地不深者，为轻地。我得则利，彼得亦利者，为争地。我可以往，彼可以来者，为交地。诸侯之地三属[②]，先至而得天下之众者，为衢地。入人之地深，背城邑多者，为重地行山林、险阻、沮泽，凡难行之道者，为圮地。所由入者隘，所从归者迂，彼寡可以击吾之众者，为围地。疾战则存，不疾战则亡者，为死地。是故散地则无战，轻地则无止，争地则无攻，交地则无绝，衢地则合交，重地则掠，圮地则行，围地则谋，死地则战。

注释

①交：道路交错纵横，交通发达。

②三属：三国交界之地。

译文

孙子说：按照用兵作战的法则，战场可以分成散地、轻地、争地、交地、衢地、重地、圮地、围地、死地等几种。在本国境内的战场被称作散地。在敌国境内边区的战场称之为轻地。对敌我双方均有利的战场称为争地。敌我双方都能够前往的战场叫做交地。和很多诸侯国相邻，只要先到便能得到这些邻国帮助支持的战场，叫做衢地。战场深入敌国腹地，背靠敌人众多城邑时，即为重地。如果战场在山林、沼泽等难于通行的地方，那么就叫圮地。行军的道路狭窄，若退兵需要迂回绕远，敌方派出很少的兵力便能攻击我方大部队的战地，叫做围地。奋勇抗击便能求存，不迅速对决便会全军覆没的战地叫做死地。所以，战场为散地的时候就不宜作战，若是轻地，那就不好停留，在争地要抢先占领，若敌方已占，那么就不要强攻，在交地的时候要提防敌人的截击，不能断绝军队各部分的联络，进入衢地就要四方结缘，和诸侯建交，若在重地，就要掠取当地的战备物资，在圮地不宜停留，要迅速通过，在围地要设法脱险，而在死地就要抱着必死的决心置之死地而后生。

解析

战争的进行过程，是一个群体大范围和远距离的流动过程。在战争中，除了地形之外，战场本身所处的方位和区域同样对战争的形势有重要的影响。因此，孙子在兵法中仔细介绍了九种作战区域，并详尽深入地分析了战略战术的应对之策。同时还在此基础上提出了重要的思想，那就是：军队越深入险境，越能激起士兵的团结和敌忾情绪，从而创造反败为胜、化险为夷的战场奇迹。这种从心理学角度对战争胜败因素的解读，既可以看出孙子对战争全面深刻的认识，也能够反映出在战争过程中，战场形势和士兵主观思想之间相互影响。

人的心理就是如此：在安逸的环境中，容易轻慢；在顺利的环境中，容易奋进；在绝望的环境中，既可能消沉，也可能勇气倍增。孙子所说的“九地”，既是归纳战场形势，也在指导将帅们如何掌握士兵的心理。

战场形势和士兵心理的影响关系是一种客观存在。士兵的心理状态对战争胜负有重大影响。如何处理和运用这种关系，并利用这种关系将士兵的作战决心发挥到最大，是将领创造和掌握战场主动权的重要手段。西楚霸王项羽之所以能够击败强大秦军以解赵国之危，就是利用破釜沉舟这样的方式，让士兵在没有退路的情况下产生空前的战斗意志。这既是战场环境的客观因素，同时也是人之常情。孙子正是看到了人在绝境下的求生本能，所以才提倡在关键时刻，要懂得利用人的本性来化解不利的战争形势，进而赢得战争的胜利。

解读

当大军压境时，我们会在什么状况下拥有奋力一搏的勇气？也许就是我们已经退无可退之时。这其实就是人们常说的“置之死地而后生”。有时候退路在客观上并不存在，它只存在于心里。而那些在看起来能躲避前路风险的退路，实际上很可能就是一条死路。

一个人被困难压得喘不过气来，可能在心理上会给自己留一条退路：“算了吧，下次再来，以后有的是机会。”于是他们放弃了。但是放弃之后呢？困境依然是困境，这种心理安慰对现实问题的解决起不到任何作用，所以，“下次再来”并不能算是一条路，只是一种心理安慰罢了。很多时候，看到前进的道路上路不平坦并且十分泥泞，我们可能会这样想：“还是改走别的路吧，条条大路通罗马。”但如果改走别的路还碰到相似的问题，走另一条路的想法又会不由自主地出现。

在正常状态下，人们一旦遇到威胁，都会有一种后退或逃避的本能反应。拒绝后退和逃避，选择和困难做直面斗争，反而需要后天养成的心理素养来支持和推动。而人类的进步，大部分都建立在有意识地去直面和克服困难的基础上，而不是下意识地逃避和后退。

这种结论，已经在现实中得到了充分的验证。在现实生活中，很多人在事情还没开始的时候就已经给自己留了退路。这就意味着，他认为事情失败的可能性很大，而且也没有认真考虑过竭尽全力去克服可能会遭遇到的困难。在自我安慰下，潜藏着对成功的懈怠和无所谓。这种情况下的人肯定不是在用最好的身心状态去做这件事情，失败在所难免。很多人不理解那些自我要求严苛的人，甚至劝他们："为什么不对自己好一点呢?"但有时候，这种好与不好实际上是一个相对概念。当我们对那些总是把自己置身悬崖的人不理解的时候，我们并没有看到他前面的海阔天空。

华人首富李嘉诚先生用"行动英雄"为题进行了一次演讲。在演讲中，李嘉诚先生这样描述他开始走向社会前的境况："当年我们一家生活在战乱、父亲病故、贫穷三重合奏的悲歌中。抬头白云悠悠，前景一片黯愁，仰啸问天，人情茫如风影，四方没有回应。"可以说，当时的李嘉诚在人生的战场上已经身陷"死地"，他已经退无可退。于是，当时年仅 14 岁的李嘉诚毅然承担起家庭的重担。从茶水工干起，学童、旧书报贩子、五金厂推销员一步步走下来，成立了自己的公司，最终成为华人首富。如果不是生活朝不保夕，如果还有任何的退路，也许就没有今天的李嘉诚了。

生活就是这样，有时候那些没有后路的人看起来形势凶险，但是他们却能在前进道路上一往无前，因为没有后路，所以也不会有后顾之忧。而那些看起来有很多选择的人，往往会在困难面前痛苦地做着多选题。这时候安逸的环境，"留有退路"的利处，却成了导致失败的"坏处"。

有时候，我们也需要破釜沉舟的勇气，直面前进路上的风风雨雨，不徘徊，不回头，克服逃避心理。不给自己留退路，所以会在前进途中，把懈怠、懒惰等包袱扔掉，更快地轻装上路。不留退路需要勇气，有足够的勇气，就能在前面开拓更宽广的道路。

九地篇（二）

原典

孙子曰：所谓古之善用兵者，能使敌人前后不相及①，众寡不相恃②，贵贱③不相救，上下不相收④，卒离而不集，兵合而不齐。合于利而动，不合于利而止。敢问："敌众整⑤而将来，待之若何?"曰："先夺其所爱，则听矣。"兵之情主速⑥，乘人之不及，由不虞⑦之道，攻其所不戒也。

凡为客⑧之道，深入则专，主人不克；掠于饶野，三军足食；谨养而勿劳，并气积力；运兵计谋，为不可测。

投之无所往，死且不北，死焉不得，士人尽力。兵士甚陷则不惧，无所往则固，深入则拘，不得已则斗。是故其兵不修而戒，不求而得，不约而亲，不令而信。禁祥去疑，至死无所之。

吾士无余财，非恶货也；无余命，非恶寿⑨也。令发之日，士卒坐者涕沾襟，偃卧者涕交颐。投之无所往者，诸刿之勇也。故善用兵者，譬如率然；率然者，常山之蛇也。击其首则尾至，击其尾则首至，击其中则首尾俱至。敢问："兵可使如率然乎?"曰："可。"夫吴人与越人相恶也，当其同舟而济，遇风，其相救也如左右手。是故方马埋轮，未足恃也；齐勇若一，政之道也；刚柔皆得，地之理也。故善用兵者，携手若使一人，不得已也。

注释

①及：顾及、策应。

②恃：依托。

③贵贱：这里指将领和士兵。

④收：信任、团结。

⑤众整：人数多、阵容齐整。

⑥主速：追求速胜。

⑦虞：预料。

⑧客：进入他国境内。

⑨恶寿：不想长命。恶，厌恶。

译文

孙子说：自古以来善于用兵作战的人，都能够做到扰乱敌人的联系，让敌军部队前后无法互相照应，大部队和小分队无法协同合作，兵士之间难以相互救援，上级与下级之间被隔离，无法联系，兵力四处分散无法集中，就算集中起来也不成阵型。对我方有利的时候就出击，对我方不利的时候就终止行动。敢问若敌人兵力众多，以整齐的阵型向我军进攻的时候应该怎么办呢？回答就是：先攻占敌人的要害，如此一来敌人就只能对我方言听计从、任由摆布了。用兵作战的关键在于速战速决，在敌人没有想到的时候，从出乎敌方意料的道路出发，攻其不备。

但凡进入敌国境内作战，方法都是深入敌国腹地，从敌国物产丰饶的地方掠夺战备物资，如此我方的给养就有保障了。在敌国要注意部队的休整，不能让兵士过于疲劳，应该时刻保持士气，养精蓄锐。在作战的时候，要用各种计谋，使得敌方不能掌握我方的情况。

部署兵力的时候，若将兵士设置在无路可退的绝境当中，兵士就会一心向前冲，宁死不退。当兵士拼死作战时，哪有不胜的道理呢！兵士身陷绝境的时候，就不会再有恐惧，无路可退的时候军心最为牢固，深入敌军腹地时队伍会更加小心谨慎，若是遇到了迫不得已的情况，就会拼死作战。所以，若军队处于这样的情况下，不用休整就可以进行戒备，不用命令就能竭尽全力，不用管制就可以团结一心，不用约束也能遵规守纪。军中还应该禁止占卜一类的迷信活动，以免引发兵士的消极情绪，若出现不利的征兆时，要消除兵士的疑惑，让他们即使战死沙场也不会有所怨怼。

我方官兵将士没有余钱并非不爱财；兵士不惧死亡并非不想长寿。在作战命令发布的时候，兵士们坐着时眼泪都湿了衣襟，躺着时就泪流满面。若是他们处于没有后路可退的绝境时，就会如同专诸、曹刿一般勇敢无畏。所以善于用兵打仗的人，好似“率然”一般，“率然”是常山一带的一种蛇。若攻击它的头部，它就会用尾巴自救；若攻其腰，它就会用头和尾一起防卫。敢问军队是否可以像“率然”一般？答案是可以。吴国和越国之间有很深的仇恨，但在他们同船渡河遇到大风时，仍会像左右手一般相互扶持、救援。因此，仅仅是把马车、战马固定住，以此显示拼死决心而稳定军队的办法，是不可靠的。要想让军队同心协力如同一人，那就应该使用合适的管理方法；想让强兵弱将都能发挥出实力，就要懂得运用地形。因此善于作战的人，能够让军队上下团结如同一人，这是因为形势所迫，不得已而为之。

解析

在战场上，除了军队本身的素养之外，将领的个人指挥可以说是一支点睛之笔。在对战问题上，孙子主要讲了两个观点。第一个观点：任何对手都有战胜他的方法。哪怕看起来十分强大的敌人，都会有他致命的弱点。这个弱点就是他最关切的利益核心，只要能抓住这一点，就能有战胜敌人的机会；第二观点：有时候军队处于不利的现实状况，在将领对形势的巧妙运用和高明的战术指挥下也能够很好地解决。士兵怯战怕死，虽然看起来可耻，但却是人之常情。这种心理客观存在，很难在短时间内通过训练和教育来纠正。这时，巧妙的指挥和战争形势上的运用就能成为最好的解决方式。正所谓形势逼人强，危急关头下，强烈的求胜欲望自然能够将士兵平时的怯懦心理一扫而光。

采取形势上的压迫或者引诱，能够很好地解决军队中存在的不良问题。孙子认为将领必须用巧妙的战术指挥战胜强大敌人，用合理的操练方式提高军队的战斗力，借助战场形势解决对军队不利的作战因素。所以说，一个优秀的将领不能被动地接受客观条件上的限制，要注重自身发挥对这些客观问题的影响力。

解读

消极地面对现实，与逃避无异。很多人会在自己遭受失败后哀叹道：“唉，没办法，现实就是这样！”很多人在把自己的命运和现实结合起来，同样会摇头叹息：“这一切都是命，看起来是无法改变了。”我们不能否认客观环境和自身条件对一个人一生命运的重要影响，但也不能轻视自己的力量。

很多人不相信自己的努力会对一切客观环境会产生巨大的影响，所以放弃努力，“安于天命”。事实上，如果在客观环境面前毫无作为，任何人的一生从一出生就注定安排好了。那些家境不好的人一开始就输在了人生的起跑线上，一步慢，步步慢，最后造就的是整个人生悲剧。这种现象似乎正暗合了古代一些思想家的社会等级思想：穷人家庭应该安安分分地把穷人的身份祖祖辈辈传下去，改变命运不过是痴人的妄想罢了。这样的观念，是对个人努力改变客观环境能力的否定。

命运是上天注定，还是要靠自己去掌握，现实已经给出了明确的答案。在生活中，没有任何一个人只靠听从命运的安排就能获得成功。每一个人如果只知道接受眼前的客观现状，而没有为了自身目的打破这一现状的决心和勇气，就会永远关在现实的牢笼里无法脱身。成功者所取得的成就，并不是命运的赏赐，更不是天上掉的馅饼，而是建立在克服原有的生活环境基础之上的。

在美国多家媒体联合进行的民意调查中，美国前任总统林肯当选为最伟大的总统。正是在林肯的努力下，美国结束了南北战争，避免了南北分裂，为后来美国发展成世界唯一的超级大国奠定了基础。结束农奴制度也将美国的社会民主化推向了一个更高的水平，为实现种族和解提供了条件。这些成绩为林肯带来了巨大的声望，然而，纵观他的人生经历，我们很难将总统这个职位和他联系在一起。

出生在一个一贫如洗的穷人家庭的林肯，父亲是一个修鞋匠，不能为他提供好的发展环境，他必须要站在一个低起点开始人生的旅程。在长达 30 年的时间里，林肯经历失去工作、企业破产、未婚妻去世、患上精神衰弱症以及 11 次的竞选失利。但林肯并没有在严酷的现实打击下屈服，也从来没有怀疑过自己的能力。成为伟大政治家的决心，让他在一次次沉重的打击下依然能够执着地向前走。尽管历经艰险，但林肯的不懈努力还是收到了回报。11 次失败为林肯换来了两次成功，但对他来说，拥有两次成功就足够了。1860 年，林肯终于成功当选为美国总统，实现了成为伟大政治家的夙愿。

林肯之所以能够获得成功，正是他不被现实的环境所困，懂得通过自身的努力来改变不利的现状。如果林肯总是认为自己的现实环境太差，个人能力有限而放弃努力的话，那么他只会成为一个命运多舛的失败者，而不会与伟大的总统有丝毫的联系。

现实中的每一个人都是如此，摆在我们眼前的客观条件也许让人沮丧悲观，甚至看不到未来在何处，但这种处境绝不会是决定性和不可更改的。只要我们发挥自身的努力，运用合理的方式方法，就能在最贫瘠的荒地上开垦出人生的绿洲。

九地篇（三）

原典

孙子曰：将军[①]之事，静以幽，正以治。能愚[②]士卒之耳目，使之无知。易其事，革其谋，使人无识；易其居，迂其途，使人不得虑。帅与之期[③]，如登高而去其梯。帅与之深入诸侯之地，而发其机，焚舟破釜，若驱群羊，驱而往，驱而来，莫知所之。聚三军之众，投之于险，此谓将军之事也。九地之变，屈伸[④]之利，人情之理，不可不察。

注释

①将军：这里指带兵作战。

②愚：蒙蔽。

③期：约定时间。

④屈伸：指战争中的进攻和退防。

译文

孙子说：领兵作战这类事项，将帅要用自己的冷静和幽深莫测的态度，用严明的军法军纪来对待军队，使其有条不紊。在作战前要蒙蔽兵士的耳目，让他们不知道作战计划；任务要变更，作战计划也要改变，让人无法识破；时常转移驻地，行军路线尽量迂回，让人猜不透意图。在指挥兵士作战的时候，要像登高后取掉梯子一样，断了他们的退路；在敌军腹地作战的时候，就要像扳动弩机的发箭机关一样，有着誓死的决心一往直前。对待自己的兵士应该像驱赶羊群那样，赶过去又赶过来，让他们不知道自己的前路在哪里。聚集全军，将他们安置在危险的地方，这就是将帅应做的大事。九种地形的应变方法，进攻和退守的利害得失，全军上下的心理状态，是不能不进行认真地考察研究的。

解析

战争的所有计划和行动都应该紧紧攥在将领的手中，首先要保证部队训练有素，管理井井有条，这样才能在计划实施过程中得心应手。很多时候，战争计划必须在保密的情况下进行。保密除了不让敌人发现我方的战略意图，实现对敌打击的突然性，另一个重要的作用就是防止士兵提前知道战争意图和将要面对的凶险战场环境，内心出现动摇。士卒畏战，对整个行军过程不利，也不利于将领运用凶险的战争形势来激励士气的计划。正因为如此，将领在行军过程中应该善于变化，以变来实现自身计划的顺利实施，而不受敌军和本方士兵的干扰。

伟大领袖毛主席在遵义会议以后的作战部署就是如此。遵义会议之后，为了摆脱国民党军队的围追阻截，彻底跳出敌人的军事包围圈，毛泽东指挥军队实施了快速机动的行军和作战。原打算北上入川的部署已经被国民党识破，毛泽东根据形势，果断地放弃这一计划，转而通过四渡赤水，二打娄山关，二克遵义城，佯攻贵阳，兵发云南，佯攻昆明，智取三县，这些多变的作战方式，让数十万“围剿”部队被牵着鼻子跟在后面跑。将整个大西南搅得天翻地覆，哪里都是红军的影子。

这样的军事行动，虽然让很多红军指战员感到迷惑不解，但它很好地起到了迷惑敌人的作用。国民党政府甚至认为中共中央已经不能控制军队了，这样毫无目的地逃窜是红军走向覆灭的征兆。正当蒋介石迷惑不解的时候，红军突然巧渡金沙江，强渡大渡河、飞夺泸定桥，翻越夹金山，与红四方面军胜利会师。毛泽东的这种行军作战的指挥方式，正是孙子兵法“秘中求变”思想在现实战争的有效运用。

解读

海面下的潜流，常常在酝酿惊涛骇浪。当我们低调地、主动地改变自己之时，胜负局面正在悄悄扭转。

我们常常听到这样一句话：“也许我改变不了整个世界，但是我能改变我自己。”我们常常遇到不能改变的事，如果我们想着以一己之力，去让周围的一切都以我们的意愿来改变，这样的想法无疑是不切实际的。毕竟相对于这个世界，个人的力量实在是太弱小了。如果我们看不到这种客观存在，我们就会固执地走向社会的对立面，要么在奋斗的道路上碰得头破血流，要么干脆因为不适应这个社会而被淘汰。

人生有时就像战场，我们总会遭遇磨难艰辛。我们很少遇到一马平川，总是面对崇山峻岭的包围；我们很难有推心置腹的友人，却有不少真真假假的对手；我们有时孤军奋战，有时成为团队的小卒，总是觉得难以适从……我们对境况不满，这时我们必须明白，通过改变自己来改变处境，才是最有效的方法。

在这个世界上，所有东西都是相对。同一件事物，对不同人来说看法也是不同的。正因为如此，人的自我改变才会具有现实意义。三国时的东吴名将吕蒙，虽然身居要职，但因小时候依靠姐夫生活，没有机会读书，学识浅薄，见识不广，常常被孙权训诫。孙权的训诫让吕蒙深受启发，他决定发奋读书，没过多久学问已经大有长进。随着吕蒙学识的增长很快就在谈论政事上得到了体现，就连学识渊博的鲁肃都收起了小觑之心，对他的进步大加赞赏。正是因为吕蒙懂得自我改变，才能让周围的人对他刮目相看。

很多人总是站在“真理”的立场上来坚持自己的观点，认为自己与周围的世界格格不入，是这个世界出了问题，而不去思考“真理”的判断标准是什么。还是要说那句老话：实践是检验真理的唯一标准。当我们在实践中遇到困难时，我们首先要做的就是检视自己，通过改变来让我们更加顺应这个社会。也许当我们真正改变以后，那些困扰的难题就会变得容易起来。

变则通，通则久。当今社会，这句话同样是一句真理。以三星电子为例，它是最负盛名的手机生产供应商之一，其手机产品已经成为能够和苹果公司并驾齐驱的行业翘楚。三星之所以能够走到今天，就是根据市场发展趋势，进行了长达 10 年的生产转型，从一家生产电视机的企业转型为世界最大的手机生产企业，正是这种改革成就了今日的辉煌。家电产业巨头海尔集团，同样花了 10 年时间去进行基于互联网的制造业转型，和阿里巴巴的联手合作就是措施之一。正是因为这些自主改革，让企业始终保持着活力和强大的适应性，也是这些企业持续领先的根本动因。

而反观曾经的手机生产巨头诺基亚公司，就是因为沉醉于曾有的辉煌，没有及时根据市场变化进行改革，使其长期以来确立的市场优势几乎在瞬间就消失殆尽，这样的教训也许比改革时的阵痛要来得更强烈和深远。

任何改变都会经历阵痛甚至是脱胎换骨的剧痛，但是一旦成功，将焕发新生之美。如果不懂得自我改变，就会在无情的现实面前碰得头破血流。人生需要不断地创新，创新是告别旧日的自己，哪怕那个自己是成功的；创新是为了适应新的挑战，也是个人最好的隐蔽手段，因为在创新的过程中，没有人知道你的意图，你的一切动机将是模糊的，谁也不知道你会达到一种什么样的状态，这同样是在发挥孙子所说的“秘中求变”。正因为如此，创新型人才总能在任何的市场竞争中立于不败之地。

在生活中，自我改变同样对身边环境有极大的作用。印度圣雄甘地说过：“在这个世界上，你必须为你希望看到的而改变。”一个人生活在这个世界上，一切都是为了自我提高。当我们自身发生改变时，周围的一切都会发生“相对变化”，正如你希望看到别人的微笑，可以先将微笑带给他人；当你希望看到城市的整洁，不如自己先来做环保；当你希望得到别人的关怀，何不先送出温暖，照顾他人？当你为了自己的梦想而迈出改变的第一步时，周围的一切都会和你互动起来。改变别人是事倍功半，改变自己是事半功倍。生活因改变而美丽，因为每一次的改变，都是你为创造美好生活做出的一份努力。

九地篇（四）

原典

孙子曰：凡为客之道，深则专，浅则散。去国越境而师者，绝地也；四达者，衢地也；入深者，重地也；入浅者，轻地也；背固前隘者，围地也；无所往者，死地也。

是故散地，吾将一其志[①]；轻地，吾将使之属；争地，吾将趋其后；交地，吾将谨其守；衢地，吾将固其结；重地，吾将继其食；圮地，吾将进其涂，围地，吾将塞其阙[②]；死地，吾将示之以不活。

故兵之情[③]，围则御，不得已则斗，过则从[④]。

是故不知诸侯之谋者，不能预交；不知山林、险阻、沮泽之形者，不能行军；不用乡导者，不能得地利。四五者，不知一，非霸王之兵[⑤]也。夫霸王之兵，伐大国，则其众不得聚；威加于敌，则其交不得合。是故不争天下之交，不养天下之权，信己之私，威加于敌，故其城可拔，其国可隳[⑥]。

施无法之赏，悬无政之令；犯三军之众，若使一人。犯之以事，勿告以言，犯之以利，勿告以害。投之亡地然后存，陷之死地然后生。夫众陷于害，然后能为胜败。

故为兵之事，在于顺详[7]敌之意，并敌一向，千里杀将。是谓巧能成事者也。是故政举之日，夷关折符[8]，无通其使，厉于廊庙之上，以诛其事。敌人开阖，必亟入之。先其所爱，微与之期。践墨[9]随敌，以决战事。是故始如处女，敌人开户，后如脱兔，敌不及拒。

注释

①一其志：让上下一心。

②塞其阙：堵塞缺口。

③情；心理。

④从：服从命令。

⑤霸王之兵：成就王朝霸业的军队。

⑥隳：毁灭。

⑦详：详查。

⑧夷关折符：封锁关口、销毁通关符节不通来使。

⑨墨：木工的墨线。这里指规范和原则。

译文

孙子说：凡是在敌国境内作战，方法都是进入敌国境地深，军心统一团结，进入敌国境地浅，军心就容易溃散。战场在敌国境内即为绝地；战场在四通八达的地方则称之为衢地；战场在敌国内部腹地为重地；战场在敌国境内的边缘一带则为轻地；背后有险阻，前方隘路叫围地；无路可走的地区就是死地。

因此，在散地作战要一统军队的意志；在轻地要让部队前后紧密相连；在争地，我方要以迅雷不及掩耳之势切断敌人的退路；在交地，就要谨慎防守；

在衢地，就应与邻国搞好关系；到了重地，应该要保障军队补给；在圮地，不应恋战，要迅速通过；陷入围地，就要堵塞缺口；到了死地，就要抱着誓死的决心展开战斗。

所以，兵士们的心理状态是：被围困的时候要尽全力抵抗，形势严峻的时候要殊死一搏，身处绝境的时候就会听从指挥。

故不了解各个诸侯国的战略意图，就不能与之建交；不熟悉山林、险阻、沼泽等地形情况时，就不能行军；没有使用当地的向导，就得不到地利优势。这些情况，如果其中有一点没有掌握，都不能成为霸主一般的军队。但凡是霸王一般的军队，在攻击大国的时候，能够让敌军招不到兵士；向敌国施加威胁，就能让各诸侯国不与敌国建交。因此，不用争抢着和全天下的诸侯国结交，也不用在各诸侯国劳心费力培植自己的势力，只要主张自己的战略意图，将威胁施加到敌人当中，就能够夺取敌方城池，摧毁敌国都城。

将帅应该施行惯例之外的奖赏，发布常规以外的号令，指挥我方全部兵力，就像指挥一个人一样。让兵士去执行命令，但不说明作战的意图；让兵士去为胜利而战，却不告知可能遇到的危险。兵士处于危险的绝境，才能转危为安；陷入困境，才能获得最终的胜利。

所以，用兵作战的关键，在于顺着敌人的意图来实施自己的战略计划，集中兵力攻打敌人的一点。如此才能在千里之外斩将杀敌，这就是所谓的巧妙用兵而制胜的道理。因此，在决定对敌作战之后，就要封锁关口，废除各种通行证件，禁止敌国使者往来，君臣将帅都要进行再三地讨论谋划，制定出作战策略。一旦发现敌人有可乘之机，就要迅速发起进攻，占领敌人的要害，不要轻易和敌方约好时间再作战。作战计划要灵活多变，根据敌人的具体情况而采取不同的行动。所以在作战开始的时候，就要向处子那样沉静，让敌人放松戒备；战斗打响后，就要如同脱兔一般迅速行动，让敌人来不及反应、抵抗。

解析

孙子在兵法中详细介绍了在各种不同作战区域中，将领的正确用兵方式和士兵的心理状态。提出想赢得战争的胜利，除了有正确的用兵方略之外，还要了解士兵是否已经做好了充分的心理准备，在战前对战场环境要有清楚的了解，对包括敌人在内的外部势力的战略意图也要有清晰的认知。一支军队如果能在战场上拥有这些条件，就可以称得上是一支霸王之师。

拥有了这样的军队，就会尽可能地减少对其他势力的依赖，独立去实现战争目标。原因是这样的军队能够很好地隐蔽自身的意图，在敌人及其盟友还没反应过来的情况下就能立定乾坤，以兵威加之而实现胜利。孙子在兵法中提出了“静如处子，动如脱兔”的用兵思想。就如真正的用剑高手一样，从拔剑之前的气定神闲到利剑出鞘之后的快速凌厉，在敌人还未反应过来之前就已经一剑封喉。一切转变只在瞬息之间，而出剑前后却是截然不同的两种状态。这既体现了良好的心态和高超的情绪控制能力，同时也能起到很好地迷惑敌人的作用。

“静若处子”是将领在战争前应该追求的状态：一切在暗中准备，让外界看不出任何端倪。虽然人们常常会用大战之前的平静来描述这种状态，但是真正能看出真相的能有几个人呢？此外，这种静态也可以理解成以行动来伪装真实的战略意图。静如处子并不一定就是在状态上让人觉得平静，而是通过行动上的努力让外界误判我们的目的。伪装是必须的，如果在下一步行动还没开始之前，就显露出这些行动的状态，就会将自己的战略意图暴露出来，在对方有所准备之下，接下来行动也很难达到出其不意的效果。

静的状态是为后续的行动做准备和掩护的，能不能达到出其不意的效果，还要在动的速度上下功夫。如果没有接下来的快速行动，之前静如处子的作用也会大大降低。如果行动太慢，对方也可以在你行动的过程中有时间进行准备。只有做到动静和快慢的极致，才能发挥出行动的最佳效果。

解读

动静结合不但是一种高超的军事手段，也是一种难以企及的人生境界。

动与静可以描述为一个人的行动状态，一个人的任何行动都需要事前做好充分地准备，这样的一个准备过程应该是相对静态的，过程的静态程度越高，他的准备就越发地没人注意，更不会招来他人的阻碍，在这个隐蔽的过程中，他可以有更加充裕的时间来准备。动的程度则由声势和速度来决定，达到迅雷不及掩耳之势，这两种状态能够起到相互映衬和提携的作用。

在日常生活中，动静状态可以看作一个人平时的生活和工作时的两种状态。有些人在生活中看起来默默无闻，很不起眼，一旦工作起来却雷厉风行，异常干练；有些人在生活中活泼好动，大大咧咧，却能在工作中保持平心静气的状态，认真细致的工作。这种不同环境不同阶段下的不同行动状态，反映的正是一个人高素质和良好的个人修养。这种合理的状态转换，能帮助一个人更好地完成工作，享受生活。

正因如此，想成为生活中的强者，就应该懂得控制自己的情绪和状态。要通过正确的情绪控制和释放，让周围的人看到你是一个灵活却有原则的人。无论对待什么人，都应该懂得这种动静之道。以暴躁、粗鲁的态度对待他人，反映出个人修养不够，会给个人的形象和日常生活带来消极影响。

生活是多姿多彩的，要想享受这种多彩，就需要用不同的状态去适应不同阶段的生活。如果我们只是凭着自己的性子做事，那么整个人生都将是单调的一种颜色。动静结合、张弛有度既是一种生活规律，同样也是一种积极的生活态度。一个人在拥有的静态的基础上才能为接下来的动态积蓄足够的力量。

同样，如果没有动态的释放，那么静态就失去了积蓄能量的功用，而成为一个失败者一生都难以摆脱的常态。有些人常常处在一种沉静的状态，并没有在这种状态中为日后的成功而努力，不过是消极人生态度下的沉寂罢了。有些人明明通过努力具备了成功的条件，却没有勇气和魄力向着成功奋进。这两种人有静而无动，静就害了他们，让他们一事无成。

用动静观点体味人生，成功就是一个人从默默无闻的努力到一飞冲天的过程。一个人要想取得成功，之前努力必不可少。这种准备应该带着沉静之心，一个成功之人，在成功之前必须要沉得下心思，耐得住寂寞。只有带着这样的心态，我们才能心无旁骛地为成功积蓄能量。这样的状态既是最佳的心理状态，也是自我防护的一种手段。反言之，如果在准备的时候我们就开始想着成功之后的种种辉煌，就会让自己处在浮躁的状态之中，很容易让准备工作做得不够认真充分，让之后的行动变得仓促，从而让成功得不到有力的支撑，让一切的努力付之东流。

另外，准备工作在沉静的环境下进行也能很好地避开周围人的关注。所谓树大招风，如果一个人在没有成功之前就异常高调，则很容易被人看作是对手或潜在对手，如果对手一开始就关注我们并对我们的发展进行打压和限制，就会影响我们今后的成功。

所以说，一个人要想有一鸣惊人的成功，就必须耐得了成功之前的种种寂寞。古今成大事者，莫不是在成功之前默默耕耘多年。也许只有在寂寞之时，个人的心态才会沉静下来，看清真实的自己，明确自己努力的方向，知道自己走向成功所需要的努力。没有虚无缥缈的幻想，也没有狂躁不安的冲动，一切准备才会从容不迫，充实而有序。这种寂寞的心境，同样可以看作是一种静如处子的状态。

第十二篇　火攻篇

火攻篇（一）

原典

孙子曰：凡火攻有五：一曰火人①，二曰火积②，三曰火辎，四曰火库③，五曰火队④。行火必有因，烟火必素具。发火有时，起火有日。时者，天之燥也；日者，月在箕、壁、翼、轸⑤也，凡此四宿者，风起之日也。

注释

①人：指敌军士兵。

②积：粮草等军用物资。

③库：军械仓库。

④队：通"隧"，攻城的通道。

⑤箕、壁、翼、轸：二十八星宿中的四个，古人认为月亮经过这四个星宿时就会起风。

译文

孙子说：凡是火攻，有五种情况：第一种是火烧敌人兵马，二是火烧敌人的粮草物资；三是焚烧敌人的武器装备；四是烧掉敌人的仓库，最后是烧毁敌人行军的通道。想要火攻就要满足一定的条件，火攻的器材是必备的。火攻也要讲究时机，也要选好日子。所谓的时机，指的是选择气候干燥的时候。所谓的日子，是指月亮运行到“箕”、“壁”、“翼”、“轸”这四个星宿位置的时候。当月亮经过这四个星宿时，便是起风的日子。

解析

火攻是古代战争中一种特殊而有效的进攻手段，是人们利用自然资源和敌我的自然环境来打击敌人的进攻方式之一。孙子在兵法中对火攻的重点对象、事前的准备以及天候的合理选择提出了具体的指导意见。

战争的残酷性和胜负的重大影响作用，迫使参战人员想尽一切手段来赢得战争的胜利。作为人类日常生活最常使用的自然资源，火的破坏力在战场上也被当作一种制敌的工具。在古代战争历史上，很多名将都通过合理巧妙地使用，让火攻成为克敌制胜的利器，创造了战争史上的经典。

三国时期的孙刘联军在对阵曹操的 20 万大军的进攻时，正是看准了魏军将战船拼接在一起的漏洞，巧借东风，采用火攻一举获胜。历史上蜀吴之间的夷陵之战，东吴名将陆逊也是抓住了蜀军营寨的木栅和周围的林木为易燃之物，巧妙地使用了火攻，结果火烧蜀军大营八百里，一举奠定了胜局。由此可见，火攻在战争中的奇效是需要建立在特殊的战场环境之中的。如果没有认清战场环境，只是胡乱放火，不但不能克敌制胜，反而会搬起石头砸了自己的脚。所以说，一切军事行为都应该建立在对战场充分认知的基础之上，通过仔细地分析和精心地部署，才能收到效果。这些战术目标能否实现，同样是对将领战场观察能力的考验。

孙子的战术引申开来，其实质是对资源的有效利用，观察环境，检视自我，利用手中的、环境中的资源，配合天时地利人和，就能把资源的效力达到最大，能运用的资源不仅仅是具有强大破坏力的“火”，在现实生活中，任何资源都可以被开发利用。

解读

人类对地球上各种资源的运用能力已经远远将其他动物抛在了后面。但是如果我们留意人类的发展历程就会发现，人类对未知领域内各种规律的探索，比合理使用这个资源更加重要。无论是用宇航设备对太空的探索，还是使用高分子生物技术改善人类生活质量，人类的这些复杂的技术，都是建立在相关领域运行规律基础上的。只有认识和掌握了事物的发展规律，这些事物才可能成为我们手中的资源，并被合理利用。

资源是人类在这个世界上赖以生存和发展的基础，资源从广义上来讲就是能够被我们利用的一切事物。随着人类的不断进步，自然资源早已成为人类社会的基础性资源，社会资源也逐步成为一种助推发展的高端资源。也就是说，一个人利用自然资源往往只能生存，而要想在事业上有所成就，就必须依靠和合理使用社会资源。但同样的社会资源，不同的人利用的程度却有千差万别。

以最常见的人脉资源为例，美国有一句流行语：“一个人能否成功，不在于你知道什么，而是在于你认识谁。”中国也有“在家靠父母，出门靠朋友”的谚语。由此可见，人脉资源自古以来就是一个人们在社会中不可或缺的助力。

进入知识经济时代的当今社会，人脉资源已经成为一个人能力之外的另一种发展动力。个人能力固然是成就人生的基石，但人脉资源却是基石上不断加固的平台。如果光有能力，没有人脉，个人竞争力就是一分耕耘，一分收获，但若加上人脉，个人竞争力将是一分耕耘，数倍收获。因此，开发和经营人脉资源，不仅能为你雪中送炭，在“贵人”多助之下更能为事业发展锦上添花。

但是，不容忽视的一点是，任何资源要想实现有效利用，就必须要懂得它本身的发展规律。资源不是生来就有的，尤其是社会资源，必须要培养和经营。依然拿人脉资源举例，如果我们只认识了一些朋友却不懂得常常去联络感情，朋友遇到困难的时候在力所能及的范围内不去给予帮助，那么就很难将认识的朋友发展培养成为人脉资源。

当然，这些资源的来源也很重要。如果我们在社会中结交的都是一些酒肉朋友，这样的资源也许会对我们的人生起到一点作用，但很难成为优质的资源。如果结交的尽是些鸡鸣狗盗、不务正业、不行正道的狐朋狗友，他们不但不能成为我们的人脉资源，反而还会让我们因为误交损友而受到牵连。

在一个团体中，更要意识到人力资源的意义。比如，有些企业将员工招进来之后，想将这些人变成对企业发展带来动力的人力资源，就需要做好前期的入职培训和不定期的职业培训，让他们在工作能力上达到企业的需要。同时也需要对员工灌输企业的发展理念，并对员工进行人文关怀，让员工能够对企业产生认同，真正融入到企业中去，只有这样的员工才能成为企业的人力资源。当然，除了后期的培养之外，前期的人员甄选同样重要，这将决定人力资源的优质程度。

懂得利用资源，是每一个人走向成功的有效捷径。搜狐 CEO 张朝阳在一次电视节目中被观众问道："你为什么要选择自主创业，而不是像唐骏那样做打工皇帝，或者像牛根生一样打败自己的老板取而代之？"张朝阳想了想说："每个人走向成功的方式不同，是因为他们手中拥有的资源不同。认识这个领域的发展规律，合理利用手中的资源，就是一种最有效的成功方式。"由此可见，任何人的成功都不会是两手攥空拳去硬拼，必须要借助各种资源来为自己的发展服务。要善于开发周围的可利用资源，并积极地维护和培养，让这些资源能不断优化，以便能在自己需要时提供有力的支持。

火攻篇（二）

原典

孙子曰：凡火攻，必因五火之变而应之。火发于内，则早应之于外[①]。火发而其兵静者，待而勿攻，极其火力[②]，可从而从之[③]，不可从而止。火可发于外，无待于内，以时发之。火发上风，无攻下风。昼风久，夜风止。凡军必知有五火之变，以数守之。

故以火佐攻者明，以水佐攻者强。水可以绝[④]，不可以夺。

注释

①火发于内，则早应之于外：从敌人内部火攻，就应该在外部进行策应。

②极其火力：尽可能加大火势。

③可从而从之：可以借着火势进攻。

④绝：断绝。

译文

孙子说：只要是火攻，必须要根据火攻的五种形式产生的不同结果而进行部署。在敌营内部放火，就要将兵力部署在外面，以便接应；火势已起，敌营没有混乱，仍旧镇静的时候，就应该等待时机，不要贸然进攻，要尽可能地让火势大起来，然后再做决定，能够攻击就进攻，不能就取消行动。若是在外部放火，那么就无须等待内应，只需适时行动即可，放火要在上风地区，进攻不能从下风进行，白天风吹得时间越久，晚上不刮风的可能就越大。凡是将帅，都应该掌握这五种火攻的方法以及相应的措施，还要学会根据它的变化加以使用。

所以用火攻来辅助军队作战，效果非常明显；如果用水来做辅助，那么水可以隔绝敌方的粮草，却不能毁掉敌人储存的物资。

解析

孙子在兵法中提出了火攻要达到预定的战略意图，需要建立在将领合理用兵调度的基础上。火是一种自然资源，说白了就是一种工具。工具再好，如果不懂得合理的操作，就很难起到实际作用。在战争中，火攻只能作为一种进攻的辅助手段，不能起到终结战争的目的。只有通过将领正确地用兵进行配合，火攻才能收到奇效。在战争中借水火之力来辅助进攻，能够在形式上实现由弱到强的转化。其中最关键的因素还是将帅指挥正确，毕竟，辅助条件上运用得再成功，最后还是需要人来终结战争。由此也反映出，任何工具的辅助都不能替代人的主体性作用，只有二者有效结合，才能展现出最大的力量。

孙子的这种思想体现的正是主体和客体的辩证关系，也就是人们常说的“打铁要靠本身硬”。积极合理地使用周围可用的资源固然不错，但本身的能力和行为方式依然是成败的决定性因素。三国时期的蜀国后主刘禅，虽然有诸葛亮这位盖世良臣的尽心辅佐，奈何他胸无大志，烂泥扶不上墙，蜀国最终走向覆灭的结局仍然难以避免。

由此可见，主体在任何事情当中都具有决定性作用。哪怕诸葛亮如何的德高望重、功高盖主，只要他不取刘禅代之，就不能改变二人主客体之间的关系。所以说，在人生的任何阶段，始终要认清自己才是其中决定因素。要积极借助各种辅助力量为自己服务，更重要的是做好自己，一个强大的自己才是取得成功的最重要保证。

解读

每个成功人士都会在各个场合听到这样的问题：“您觉得您获得成功靠的是什么?”成功人士们会说出各种答案，但追根溯源，最不可或缺的成功因素只有一个：靠自己。成功人士的共同点是他们各有各的优秀——至少在他所成功的领域里是这样的，而且他们为了成功都进行了艰苦地努力，就因为有实力作为基础，当机遇降临到他们头上时，他们才有能力抓住。外部环境再好，成功依然是个人奋斗的成果，就像人们说的那样：“就算是去捡钱也要早点起床”，一切的一切还是自己在起着决定性作用。

所以，在任何环境下我们都不能忘了自身的努力。一个人如果忽略了自身的价值和作用，那么他的周围有多么好的发展环境，他手中有多么好的资源，都没办法让他获得真正的成功。很多有钱有势的人，总是想着依靠自己现有的条件能让子子孙孙一直发达下去，这些条件确实能够为子孙们的成功奠定物质基础，但如果缺乏对后代自身素质的培养，再好的条件也换不来他们的成功。反过来，那些一贫如洗，无权无势的人，却常常通过自身的努力，超越那些外界条件更好的人，取得真正的成功。

从前有一个走南闯北的小商贩，经过多年的商海拼搏终于成了富甲一方的大财主。财主富起来之后，想起自己年轻时的奔波之苦，决定要好好地对待自己唯一的儿子。于是，他的儿子从小衣来伸手饭来张口，过着锦衣玉食的生活。这个孩子被娇惯得挥金如土、好吃懒做、毫无心机。老财主临死前看到自己儿子的现状，有些后悔，同时深感忧虑。想了半天，终于想出了一个稳妥的办法：老财主将自己的大部分家当买了 365 间店铺，店铺的经营所得全部归那些老板所有，而让自己的儿子掌管所有房契。那些店铺的老板只需在一年里给自己的儿子提供一天的衣食住行和零碎花费就行。不久之后，老财主去世了。第一年里，他的儿子果然得到了很好的照顾。各个店铺的老板为了保住经营权，极力巴结财主的儿子，衣食住行都准备的妥妥当当。老财主的儿子被奉承得飘飘然，对店铺老板的热情款待也是感激不已，觉得应该有所表示，于是每吃一家都在店主保证继续供养的情况下，以房契相赠。结果第二年再来吃，各店主全都翻脸，财主的儿子最终饿死街头。

中国有句俗话："富不过三代。"其中的原因就是因为财富的创始人太过重视物质资源的客体作用，忽略了子孙后代个人能力的决定性作用，家族的衰落也就在情理之中了。所以说，我们在做任何事情的时候都要摆正自己的位置，对自己作为主体的决定性作用有清醒的认识。不管是在工作还是生活中，都要用积极主动的心态来发展自己。只有一个最强大的自己，才能将成功之匙紧紧攥在手中，牢牢把握命运，迈向成功，彰显自身的光彩。

火攻篇（三）

原典

孙子曰：夫战胜攻取，而不修[①]其功者凶，命曰费留[②]。故曰：明主虑之，良将修之，非利不动，非得不用，非危不战。

注释

①修：建立并巩固。

②费留：长期率军在外征战，给国家带来巨大损耗。

译文

孙子说：若是打了胜仗，攻取了城池却没能巩固战果的，就会有凶险，这种情况可以说给国家带来了巨大的损失。所以说：英明的国君会慎重地考虑这个问题，贤良的将帅会严肃地对待这个问题，没有利益就不要采取行动，没有把握必胜也不要贸然发兵，不到危急关头不要作战。

解析

战争中任何利益都是花费时间和牺牲士兵的生命取得的，因此，对战争中胜利成果的巩固十分重要。如果总是一味地去争夺利益而不懂得如何巩固利益，战到最后，可能到头来还会是两手空空。

从战争的通常情况来看，如果攻下了城池不去占领，一旦被敌人重新占领，不但先前的战利品全部丢失，还会让军队的后路被断，对军队的撤退和后勤补给不利，甚至有遭遇敌人前后夹击的可能。因此，孙子告诫将领要慎重考虑这个问题，战争中获得的城池一定要守住，这既可以成为战争的现实利益，同时也能以此为基础，赢得更大的战果。所以说，与其一心想着获取那些未知的胜利，还不如将到手的战果抓牢，以免得而复失，让将士们的劳苦全成了无用之功。

孙子在兵法中提出了战争应该坚持唯利原则，任何战略的谋划、方针的制定、战术的采用，都应该建立在现实利害的基础之上，对所有的战争行为都应该有清醒、冷静、理智的判断。战争中的唯利原则并不是完全的唯利是图，而是参考和比较可能遭受的损失，以总体利弊的衡量去规划战争。如果为了利益不惜一切，不进行利弊得失的参考，就很容易让战争沦为不义之举，也很容易利令智昏，被敌人的一点小利引诱，遭受重大损失。

利害总是一件事物的两面，有利就会有弊，所以说，唯利也应该是一个综合辩证的原则。战争的决策者在考虑任何问题时，都应该从利弊两个方面来认真权衡，如果只看到利益而没有看到其中的危害，就很容易在决策时疏漏了对危害的预防措施，这就会让弊的危害性大大提高，甚至演变为战争的主要结果。

所以说，战争应该是该争就争，能避就避。争是为了维护自身利益，避则是远离战争的危害。只有全面辩证地看待战争，才能真正从战争中获得实际利益，让战争成为一个国家发展图强、安身立命的工具。

解读

每个人都喜欢畅想未来，正因为是畅想，不用花本钱，也不用考虑自己是否力所能及，所以未来的一切都看起来很美好。

当我们在畅想或者已经走在追求美好未来的道路上时，很少有人愿意停下脚步，审视当下的生活和状态。我们不会问自己究竟有没有好好地把握当下，珍惜已有的一切。很多人觉得囊中之物不值得珍惜，但如果没有这些东西，我们的未来又靠什么来做基础和支撑呢？如果总是忽略已有的一切，只看到未得到的东西，即使我们赢得了那些想要的东西，也不会有实际意义，因为那些东西依然会被你忽略和遗忘，就像你对待现在所拥有的一切一样。

很多人生活在悔恨曾经的失去和期盼未来的获得当中，所以当下的拥有就被忽略了，出现了孙子在兵法中提到的“费留”。“费留”的危险之处在于，我们可能因为没有把握住当下，因而失去了追求未来的基础和本钱；抑或是因为失去了当下，让我们在决战未来的当口却后院失火，两头分心两头都顾不过来，最终失去一切，一无所有。

一位大富翁经过一个农舍，看到屋里家具简单，主人衣衫陈旧，于是很同情地问他：“你日子过得这么辛苦，未来可有什么打算吗？”农夫回答道：“我觉得现在过得还不错，挺幸福的！”富翁很难理解，他说：“这么清苦的生活哪来的幸福呢？”农夫解释道：“至少我现在拥有的能满足我现在的需求。我希望我今天能吃得上饱饭，我今天做到了，所以这就是幸福。”

富翁开始看不起农夫了，他轻蔑地说：“一个人应该懂得畅想未来，你看我，已经拥有大笔的财富，但这些都是过去的事了，我已经把目光投向了未来。”结果当天晚上，一把大火将富翁的财富化为灰烬，富翁一下子就沦为了街头的乞丐。有一天，曾经的富翁再次路过了农夫的家，口渴难耐之下他敲开了农夫的门，向他讨一碗水喝。农夫递过去一碗水，然后问乞丐：“你现在知道什么是幸福了吧？”富翁一口气把水喝完，点头回答道：“这碗水就是我的幸福。”

人生应该步步为营，只有珍惜并守住当下的一切，我们才会有前进的后盾和后退的驿所。“现在”是一块跳板，牢牢抓住，我们才会拥有足够的支撑和弹力去追求更高的平台，即使失败了我们还是会落在这块跳板上，因为这块跳板是真正被我们踩在脚下的。只有固定了这块跳板，我们才有了坚实的起点和落点。

资源可贵，而当下的一切才是最可靠的资源，这不仅对一个人，对一个团体同样如此。一家业务公司的老板曾经很自信地说：“即使我现在一无所有，只要借几万块钱租个房子我依然能够干起来，因为我手中有一批业务精英，只要有他们在，企业未来的发展就有资本。”由此可见，企业也好，机构也好，任何团体的规划都应该建立在现有资源的基础上，然后将现有的资源整合好。

这个世界上最珍贵的不是不可预知的未来和已经失去的曾经，现在的一切才是我们应该好好珍惜和把握的。它得来不易，也是我们曾经的未来和可能失去的曾经。与其让自己为了那些难以预料的未来费尽心力，还不如脚踏实地过好每一天，只有这样，美好的未来才会顺其自然地到来。如果总是将那些得到的东西抛在一边，让现在“费留”，我们的整个人生就会在得而复失之间循环往复，到头来只是白忙一场。

火攻篇（四）

原典

孙子曰：主不可以怒而兴师，将不可以愠[1]而致战。合于利而动，不合于利而止。怒可以复喜，愠可以复悦，亡国不可以复存，死者不可以复生。故明君慎之，良将警之，此安国全军之道也。

注释

①愠：愤怒、怨恨。

译文

孙子说：君主不能因为一时动怒就发起战争，将帅也不能因为一时的气愤而起兵作战。用兵作战应该符合国家利益，若是不符合就应该终止。愤怒可以转变成欢喜，气愤也能够转而高兴，但是国家灭亡了就不能兴起，人死也不能复生。所以，英明的君主会慎重地对待战争，贤良的将帅会警惕地面对作战。此为安定国家、保全军队的做法。

解析

正确的战争决策应该是谨慎而理性的。一个人的不良情绪会对正确的战争决策产生严重的干扰，情绪的不稳定是兵家大忌。古今战争中，很多计谋和诡诈都是利用了敌方将领的心理弱点，通过激怒的方式让对方将领在不理智的情况下指挥军队，利用这个机会赢得战争的胜利。

战场上的将领关乎国家兴衰和百姓生死，必须尽量控制自己的情绪，不能被一时的情绪左右，更不能让情绪转化为行动。因为人的情绪只是一时的，可以恢复和变化，而因为一时情绪上的不理智带来的恶果却难以挽回。所以说，一个优秀的将领，哪怕平时易怒，都应该在临战之时以大局为重，尽量地克制自己，让理智占据上风。战争不单是军力的较量，还是双方将帅个人心理素养的比拼。一个将领如果不能控制自己的情绪，那么也很难把控战场的局势。

良好的心理素质，是一个优秀将领必须具备的先决条件。孙子对指挥将领个人情绪的重视，体现了战争的主观因素的重要作用。战争中最主要的因素就是人，而将领又是众人的决策者。因此，将领的个人情绪在很大程度上将决定参战军队乃至整个国家的命运。

三国时期，刘备在得知关羽被孙权杀害之后，怒不可遏，不顾群臣的谏言，发倾国之兵与东吴开战。这种利令智昏的行动，从一开始就已经埋下了失败的伏笔。因为缺乏了理智的思考，这样的军队看似规模庞大，不过是一只中看不中用的纸老虎而已，被陆逊火烧连营也是在情理之中的。可以说，即使没有陆逊的火烧连营，蜀军还是会遭到其他伐谋之术的算计。刘备的这种情绪失控的行为最终导致了一生中最大的军事失败，不但葬送了大量士兵的生命，也为蜀国的衰落写下了注脚。刘备并非无能之辈，但在情绪失控的情况下，能力越大带来的伤害就会越大。

由此看来，不论是一国之君，还是一军之将，在面对战争时，一定要抛开一切个人情绪的干扰，本着对国家和百姓高度负责的态度，确保每一次的决策都应该尽可能地在理智的情况下做出，这也正符合孙子所提倡的慎战思想。

解读

人总要与自己的情绪做斗争，征服情绪是成功必不可少的一步。

一个人在认知客观事物的过程中，个人情绪也会随之产生。情绪看似是主观的，却对个人思维和行动有巨大的影响。因此，一个人要想用理性的思维指导自己来实现行为的正确，就必须懂得控制自己的情绪。任何时候都不要让情绪来支配你的行为，否则你将成为一头无法控制的野兽，肆意妄为。正是看到了这样的问题，人类很早便开始重视对情绪的控制。

中国很早就有“修身、齐家、治国、平天下”的古训。直到近现代，更是有大量的心理学家专门从事情绪方面的研究，尽管观点并不一致，但大多数学者都认为情绪是产生个人动机的重要因素，而正确地控制和调节情绪，则是让人们不误入歧途、铸成大错的重要手段。一个人的情绪调节和控制能力会对他的事业成功与否起到重要作用。心理学家班杜拉指出：“情绪的发挥就如一个人发挥自己的天赋一样重要。”他认为，为了实现目标，人们需要学会调控自己的情绪。

相对于稳定的心理状况，不良情绪要更加复杂多变。情绪的发展和变化，受周围事物和环境的变化影响。情绪的爆发往往在一瞬间，它却能带来长期的重大影响。“一失足成千古恨”这样的现象，正是因为人们在瞬间无法控制自己的情绪，而产生错误的动机和行为，导致了无法挽回的错误。

情绪是一把双刃剑，控制得好，就能成就一个人，也能给周围人带来温暖和快乐；控制得不好，就会限制我们的发展，更会伤害到周围的人。情绪对一个人的感官和判断会起到重要的影响，当情绪产生变化时，哪怕周围的一切都保持原状，我们都会产生不同的感觉。如果一个人受到不良情绪的感染，就会让他的认识产生偏差，形成错误的认识，不利于问题的解决。

其实个人情绪没有绝对的好坏之分，最重要的就是要懂得发挥和利用。就如在面对敌人时，如果我们胆怯了，也许我们很难有战胜敌人的勇气。这时候合理地利用情绪，控制住自己的惧怕，则会给我们战胜敌人带来帮助。

此外，也可以利用某一种情绪，让它发挥到最大，借着情绪的力量为自己增加胜利的砝码。例如，抗日战争时期，日军无论是在武器装备还是军队的作战素养都远超中国军队。这时，那些揭发日军罪行的宣传就能点燃战士们心中的怒火。在这样的情绪引领下，国人才会以大无畏的精神前赴后继，和敌人拼死一搏。兵家有云：哀兵必胜。一支军队如果带着必死的信念和敌人拼命，有可能成为最后的胜利者。

每一种情绪的产生都是客观存在，而且难以避免，我们要正视而不是回避。只有这样，我们才能够驾驭和控制它，并通过引导发挥，成为我们为人处世的动力。我们不仅需要积极的情绪，还需要消极的情绪；不仅需要克制，还需要发泄；不仅需要防御，还需要利用。知道情绪是我们为人做事乃至成败的重要因素，我们只有挖掘积极情绪和善待消极情绪，才能更好地把握和管理自己，做情绪的主人。对那些难以控制的情绪，我们也要用正确的方法来避免其带来消极的后果。当我们的头脑被不良情绪占据时，我们要做的就是避免决策，也许一分钟之后，理智又将重新占领高地，给我们的决策做出正确的指引。

第十三篇　用间篇

用间篇（一）

原典

孙子曰：凡兴师十万，出征千里，百姓之费，公家之奉，日费千金；内外骚动，怠于道路，不得操事①者，七十万家②。相守③数年，以争一日之胜，而爱④爵禄百金，不知敌之情者，不仁之至也，非人之将也，非主之佐也，非胜之主⑤也。故明君贤将，所以动而胜人，成功出于众者，先知⑥也。先知者，不可取于鬼神，不可象于事⑦，不可验于度⑧，必取于人，知敌之情者也。

注释

①事：从事耕作等农业生产活动。

②七十万家：古代战时规定以七户百姓供给一个士兵，十万大军的作战就会影响七十万户百姓的农业生产。

③守：对峙。

④爱：吝啬。

⑤主：主导者。

⑥先知：提前知道。

⑦象于事：用相似的例子来对事物进行预测。

⑧验于度：用日月星辰的运行变化来推测。

译文

孙子说：只要作战用到十万兵力，出征千里之外，老百姓的花销和国家的开支，加起来每天都要上千金，而且战争会带来骚动，扰乱秩序，人们每天疲于奔走，有七十万户家庭无法正常生活。双方对峙多年，也只是为了一朝的胜利。如果不愿花钱去收买间谍，而使得我方掌握不了敌情，最终失败，那么就并非仁德之人，不是贤良的将帅，不能成为国君的左右手，更不是引导战争胜利的将帅。所以贤明的君主和贤德的将帅能够打胜仗，是出于对敌情的掌握。若想先知敌情，就不能迷信鬼神，不能用相似的事例来随意预测，也不能通过天象、日月运行轨迹来随意揣度，一定要从知道敌方情况的人那里掌握。

解析

间谍是战争中不可或缺的一分子，间谍的重要性在于战争双方本身的来往并不密切，再加上刻意地隐瞒和迷惑，因此存在很严重的信息缺失，这也给将领实施正确的决策带来了难题。孙子强调“知己知彼百战不殆”，而“知彼”的前提是对对方的情况有正确全面地了解。要想以最小的代价赢得胜利，掌握充足的情报是必不可少的。

战争胜败，往往和双方掌握的信息量有很大关系。要想获得真实的信息，不能依靠道听途说，因为这样的消息可能会出现夸大和误传，另外从价值的角度来看，众人皆知的信息肯定也没什么价值。还有些信息很有可能是对方释放的烟幕弹，以便达到混淆视听的目的。以经验推论也很难得到最真实的判断，毕竟每一个敌人的情况都会有各自的特殊性。所以，要想掌握第一手信息资料，就必须用到间谍。

从古至今，间谍都在战争中起到了重要作用。由于本身的专业性和目的性，间谍对重要信息的分辨力和敏感度要远远超出常人，因此，间谍得到的信息一般都具有重要的参考价值。有时候，一条珍贵的信息甚至能对整个战局起到重要影响。因此，孙子提出了要重用间谍。

战争事关百姓生死乃至国家存亡，无论前线还是后方，都充满了凶险。既要不被对方猜疑，又要找到最核心的机密信息，是对间谍个人综合能力以及忠诚度的极大考验。要培养出优秀的间谍，不但要在相关能力上进行培养训练，让他们具备相应的能力，同时还要在物质上给予足够的回报，让间谍不被对方的利益所诱，在精神上更要进行深刻地感化，保证间谍能够保持绝对忠诚。只有这样，才能在赢得信息战的基础上获得整个战争的胜利。

解读

当今社会是一个信息化的社会，谁能站在信息的制高点上，谁就能在各种竞争中占据主动地位，而缺乏信息敏感度的人将永远被关在成功的大门之外。

社会上流行这样的话："先知先觉的人吃肉，后知后觉的人喝汤，不知不觉的人就喝西北风。"这种知觉的先后就是掌握信息先后的结果。实际上信息已经不仅仅局限于资讯，它可以泛指人类传播的一切内容，像知识和道理，都可以算是一种信息。孔子曰："朝闻道，夕死可矣"，就说明学识的重要。

一个人要想有所成就，必须要有大量的信息作为支撑。当今世界处在一个信息爆炸的时代，各种各样的信息充斥着我们的生活。这既可以看作是时代发展的需要，也是时代进步的体现。试想，如果没有这么多信息的支持，人们拿什么来应对纷繁复杂的当今世界呢?

要做时代的弄潮儿，就必须要了解各种事物的前沿信息。只有这样，我们才能把握发展趋势，站在时代前沿。闭门造车做不出什么成绩来，只有将四面八方的信息资源进行合理的分析和有效整合，我们才能看到自己的前途所在。伟大物理学家牛顿曾经说过：“如果说我比别人看得更远一点，是因为我站在巨人的肩上。”这个巨人就是前人在物理学领域留下来的历史信息。任何人要想有所成就，必须要用大量的信息为基础。

但是，单纯的信息没有特殊的指导意义，只有经过大脑的处理，并用来指导生产和生活，这些信息才能成为有用的知识。所以说，我们在生活中不能被动和毫无处理地接受信息，只有经过积极地思考、学习，并对每一条信息进行有效分析，我们才会成为这些信息的受益者。

实际上，如果我们仔细观察和甄别就会发现，我们周围的每一个事物都在传递着信息。能否有高度的敏感和睿智，也将决定着一个人在各个领域的发现力、理解力和创新能力。牛顿能从最简单的苹果落地得出万有引力的伟大定律，就是因为他能从那些最平常不过的现象中发掘信息，并通过自己的思考和研究将其转化成为知识。苹果落地或者其他东西从高处坠下每个人都见过，他们也在向每一个人传递着信息，关键就是我们能不能主动察觉。在敏锐眼光的帮助下，我们就会发现，任何一种现象都可以让我们得到千千万万条信息。当我们成为这些信息的第一发现人时，也许我们就可能成为某一个领域的前行者。

特别是现代社会，高度商业化的市场和激烈的人才竞争，同样离不开海量信息的支持，任何团体和个人的发展都是需要及时有效的信息来指引。对那些具有敏锐市场眼光的人来说，任何一条资讯背后都可能蕴藏无限的商机和胜机。如果你在这些资讯面前只是傻乎乎的读者，那么这些信息不但对你的发展毫无助益，还会浪费你大量的时间，你将身陷信息的大洋中茫然无措。而对那些有心人来说，哪怕是那些看似八竿子打不着的信息都可能成为开启成功的钥匙。

当我们被各种信息狂轰滥炸弄得不厌其烦的时候，我们有没有去认真想过，这些信息能够说明什么问题，它们能给我们带来什么样的帮助？与其讨厌它们扰乱了我们的生活，还不如花点心思想想，这些信息背后有什么值得我们去关注的。要学会做一个善于发现、善于思考的有心人，只有这样，成功的事业和美好的生活才会眷顾你。

用间篇（二）

原典

孙子曰：故用间有五：有因间，有内间，有反间，有死间，有生间。五间俱起，莫知其道，是谓神纪①，人君之宝也。因间者，因其乡人而用之。内间者，因其官人而用之。反间者，因其敌间而用之。死间者，为诳事②于外，令吾间知之，而传于敌间也。生间者，反报也。故三军之事，莫亲于间，赏莫厚于间，事莫密于间。非圣贤不能用间，非仁义不能使间，非微妙不能得间之实③。微哉！微哉④！无所不用间也。间事未发而先闻者，间与所告者皆死。凡军之所欲击，城之所欲攻，人之所欲杀，必先知其守将、左右、谒者、门者、舍人之姓名，令吾间必索知之。

注释

①神纪：神奇的道理。

②为诳事：制造虚假消息。

③间之实：用间的实质。

④微哉：微妙呀。

译文

孙子说：可以使用的间谍能够分成五种，分别是因间、内间、反间、死间、生间。若是这五种间谍同时运用，能够让敌人无法掌握我方使用间谍的规律，这是运用间谍最好的方法，也是君王制敌必胜的法宝。所谓因间，指的是间谍身份是敌人的同乡；所谓内间，指间谍身份是敌方的官吏；反间，指的是逆向利用敌方间谍；死间，要四处散布谣言、假情报，使我方的间谍传信给敌方，在敌人知道受骗后，我方间谍难逃一死，所以称之为死间；生间，则是指在侦察后能够活着返回的人。因此，在军队当中，间谍是和将帅关系最亲近的人，所有的奖赏没有比间谍更为丰厚的，也没有比间谍更加隐秘的事情。如果不是智慧超群的人，无法使用间谍，如果不是仁慈义信的人，不能使用间谍，不懂深谋远虑的人就得不到间谍的真实情报。真是微妙啊！无时无刻都可以使用间谍。若是间谍的工作在开展之前就已经被传出，那么知道内情的人都要处死。只要是攻打敌方军队、占领敌方城池、刺杀敌军人物，都应该事前了解守城的将帅、他的亲信、负责通报的官员、守门的官吏以及军中近身侍卫等人的姓名。这些就需要我方派出间谍进行侦察，从而清楚掌握。

解析

孙子在兵法中详细介绍了因间、内间、反间、死间、生间五种可以被运用的间谍种类。并指出只有将这五种间谍同时使用，才能够建立起全面的间谍网络，为制定方略和军事指挥提供尽可能充分的敌方情资。间谍的运用需要高度智慧来实施用间方案，对间谍的情报搜集提供行动支持，同时也需要对间谍获得情报进行合理地分析，以判断情报的真假和价值，避免被敌方故意释放的虚假信息所误导。

另外，间谍执行任务有很大风险，像死间这样的间谍几乎是抱着必死的决心去执行任务。因此，要想这些间谍能够顺利实施计划，就必须要慷慨地给予足够的物质回报，同时要用仁慈之心来确保间谍能够誓死效忠。如果做不到这些，就很难保证间谍在执行任务的过程中不受对方的威逼利诱和思想感化而变节投敌，反而偷鸡不成蚀把米。

任何工具的发挥，都应该建立在有效控制的基础之上。基于间谍身份的特殊性，对这些人的使用和防范应该同时进行。间谍接受的任务是一个国家的核心机密，在很大程度上和国家的战略目标联系在一起，一旦泄露将给国家造成严重的影响，因此要做好万全的保密工作，在泄露之后要马上采取措施避免事态继续发展，甚至包括处死知情的人员。擒贼先擒王，战争时对敌方要害部门官员的斩首行动也需要间谍的提前打探，以确保精准定位，为沉重打击敌人，迅速实现战争目的创造条件。孙子对间谍的使用和控制的观点体现了他的用人观。实际上，对任何人才的有效使用，丰厚的物质酬劳、必要的思想感化和强大的防控手段都是必不可少的。只有这样，手中的人才会义无反顾地完成自己的任务。

解读

对每个人来说，事业和生活都不是一件容易的事情。从事业上来看，当今世界处在一个社会大分工的时代，我们的每一项工作，都需要寻求合作伙伴来共同完成。高质量的生活肯定不是“生出来，活下去”那么简单。我们要想让生活变得丰富多彩，就需要去交朋结友，朋友之间的互相关心、互相帮助也就成了必须。实际上，很多人都没办法把工作和学习完全隔开，生活中的朋友可能会给你的事业带来帮助，工作中的同事同样也会成为生活上的朋友。

朋友不可缺少，更没有人想让自己的世界里充满敌人。但不管想还是不想，敌人的存在都很难避免。甚至在很多情况下，看起来八竿子打不着的两个人都会成为敌人，原因就是二者的利益相互对立。除了利益的一致或分歧造就了朋友和敌人之外，待人之道则成了造就敌人的另一个重要原因。

人生在世，如何待人是一门大学问。人与人之间关系的形成，既有利益的捆绑，同时也需要感情的纽带来维系。如果一个人总是用实际利益来构建自己的人际圈，那么利益消失之后呢？或者人际关系受到更强大利益侵袭的时候呢？如果缺乏了感情这一个重要的砝码，我们的人际圈就会变得无比脆弱。当然，只有感情却完全没有现实利益，这样的人际关系同样虚幻。毕竟感情是一种心理活动，而一个人的心理并不是一成不变的。如果我们不能在有感情纽带的基础上，用利益去实现友情的稳固和加深，我们的人际关系网同样不是牢不可破的。

一个懂得待人之道的人，处世总会得到很多扶持。在需要帮助的时候，总有人伸出援手。这些人不是血亲，不是下属，却愿意为你尽心尽力。中国有句古话：士为知己者死。这种知己者就是能在生活中互相了解和理解，能对彼此做出准确评价的人。这种精神的交流一直是交友待人的至高追求，正如孔子所说的："君子之交淡如水。"这种交友的方式看起来不费本钱，只要能够交心就行了，其实难度极高，要花费巨大的时间和精力，同时也要求两人的志趣相投，或者都是那种精神至上主义者，这样的情况在生活中显然极少。

天下熙熙皆为利来，天下攘攘皆为利往，这是人之常情。因此，我们不能幻想结交的朋友都是一些不食人间烟火的思想家。要学会去正视每个人为利而来的思想动机。只有充分迎合了这种思想，满足了他们的需求，我们才能真正建立起广泛而坚固的人际关系网。

《水浒》当中的宋江，就能兼顾人情世故，对周围的人既能在精神上以诚敬之心对待，又能在物质上慷慨助人。在水泊梁山相聚之后，虽然论才学、智谋、武功都有人在宋江之上，但正是他平时懂得处事待人，所以大家都愿意由他驱策。由此可见，正确的待人方式能够让周围的人为我们所用，哪怕我们并没有带着这样的目的去经营我们的人脉关系，但当我们有这个需要时，这样的结果还是会自然而然地出现。

害人之心不可有，防人之心不可无。对任何人在坦诚相待的前提下，做好有效的防控同样不能缺少。很多时候，最危险的人可能就是最亲近的人。不管是周围的亲人朋友还是工作中的同事下属，做好了充分地防控准备既能让我们免受严重伤害，同时也是一种维护关系稳定的重要方式。

我们难免遭遇来自友人的攻击或背叛，这个时候不要立刻翻脸，或者干脆断绝关系，要仔细分析对方的行为，如果对方并不是故意的，没有造成严重后果，就可以坦诚对话，继续发展双方的关系。如果对方是有意为之，也不要撕破脸，而要在今后的生活中多加戒备。更多的时候，朋友会顾忌我们的利益，就如我们在做某个决定时，也会考虑朋友的立场。所以说，在和周围的人打交道的过程中，懂得正确待人，不愁没有生活和事业上的帮手。一个拥有稳定人际关系圈的人，才能成就事业的辉煌和人生的精彩。

用间篇（三）

原典

孙子曰：必索敌人之间来间我者，因[1]而利之，导而舍[2]之，故反间可得而用也。因是而知之，故乡间、内间可得而使也。因是而知之，故死间为诳事，可使告敌。因是而知之，故生间可使如期。五间之事，主必知之，知之必在于反间，故反间不可不厚也。

注释

①因：这里指顺势的意思。

②舍：放弃，这里指放回。

译文

孙子说：一定要找出敌人安插在我军内部的间谍，然后用利益收买他，引诱他，指引他为我军所用，然后再放他回去，这样反间就可以为我所用；通过反间掌握敌人情报，便可使用乡间、内间；通过反间掌握敌方情报后，就可以让死间将假信息散播给敌人；通过反间了解敌情，就能让生间也展开行动了。五种间谍的使用方法，将帅必须要掌握，最关键的是掌握反间，所以对待反间更要待遇优厚。

解析

信息的侦察与反侦察，是战争双方的重要军事准备。在古代战争中，间谍是情报收集的主要工具，反间谍工作便是争夺信息主动权的重要一环，对敌方间谍的防范和处置同样成为战争双方的重大难题。从现实角度来看，处死对方的间谍虽然能够避免己方的情报不被泄露，但同时也在告诉敌方间谍行动的失败。这看起来是信息战当中的胜利，却并不能算是最理想的结果。

因此，孙子提出了在抓住敌方间谍之后要尽可能地对其重金收买，引诱开导，以便实现策反。一旦敌方间谍被成功策反，就可以利用对方对间谍的信任，使用好这个间谍，将他培养成获得信息最有力的武器，同时盘活本方的间谍计划，构建更强大的间谍网络，一举赢得信息战的主导权。

孙子的这种积极策反敌方间谍的主张，再一次体现了孙子作为一代兵家圣雄对战争全局利益的深刻领悟。在战争中，任何的个人感情都应该让位于全局利益。敌方间谍的欺骗性和危害性固然可憎，但是其特殊的身份所体现的强大利用价值也绝不能忽视。因此，从战争的全局利益出发，尽量对敌方间谍进行策反，让其为己方所用，是战争的实际需要，是实现利益最大化的极致追求。另外，孙子这种借力打力的思想对后世影响深远，成为各领域竞争中克敌制胜的重要参考手段。

解读

利益决定了我们的生活，也决定了我们的行为。生活中，我们习惯根据利益来判断和处理与他人之间的关系。那些与我们利益一致的人，可以做朋友；那些与我们有利益冲突的人，则是竞争对手，甚至可以称为敌人。但是，现实生活中的利益之争，并不是战场上的你死我活，我们需要以更为理性和客观的态度来看待我们的竞争对手。

如果以共同利益为前提，那么敌人也可以变为朋友，因为，为了个人长远利益，我们应尽量避免在和对手打交道的过程中感情用事。有人说："敌人的敌人就是朋友"，这个逻辑从情感上并不一定讲得通，但是从现实的角度来看却很有道理。不论在历史上还是现实中，那些并无好感甚至原本有敌意的两方常常会为了对付共同的敌人而并肩战斗在一起，原因就是二者存在着更大的共同利益。如果双方总是站在情感的好恶上来看待对方，就很难化敌为友。

除了不可避免的利益纠葛之外，我们应该避免树立更多的敌人，以免为自己带来麻烦。例如，有些人因为优秀使周围的一些人心生恨意，视之为敌人；有些人出于偏见，就是看某个人不顺眼；有些人因为误会，和另外一个人就是"不对路"……个人喜好无可厚非，但他们却忘记了一个重要事实：你和你讨厌的人，很可能有共同利益，很可能成为合作伙伴。所以，善待他人，甚至善待自己的对手和敌人，能够使自己获得更多的利益。

美国前总统林肯说："如果我们能把所有的敌人变成朋友，这难道不是说我们消灭了所有的敌人吗?"实际上这还没有把话说到尽善尽美，因为用尽全力消灭一个敌人只是让你少了一个对手，而将敌人变成朋友不但让你少一个对手，还会多一个帮手。

美国国父乔治•华盛顿就曾经有一位讨厌的敌人威廉•佩恩，两人从 20 多岁起就因为政见不同而大打出手，几乎到了你死我活的地步。在一次聚会中，双方一见面就分外眼红。激烈争吵之下，佩恩一拳将华盛顿打倒在地。看到华盛顿上校被打，他身后的士兵决定为长官出这口恶气。眼看一场大规模的冲突就要爆发，华盛顿忍痛起身离开了会场，事态才得以平息。为了双方之间能做一个了结，华盛顿给佩恩下了一份战书，双方约在一个酒馆对决。

第二天，当忐忑的佩恩赶到酒馆时，发现华盛顿并没有带一兵一卒，甚至连武器都没带。正当佩恩迷惑不解时，华盛顿真诚地说："每个人都可能会犯错，我为曾经的不冷静对你造成的伤害而道歉，希望我们能结束这一切，成为朋友。"华盛顿的诚意感动了佩恩，两人终于尽弃前嫌成为朋友。曾经的敌人佩恩有感于华盛顿的宽宏大度，成为华盛顿一生的追随者。

当今社会，敌人的产生大多来自于利益之争，如果你足够聪明，就应该在和这些敌人打交道的时候，将双方的矛盾紧紧控制在某个范围内，让竞争看起来更像是在玩游戏。大家都在游戏规则之下展开厮杀，赢了的不赶尽杀绝，输了的也心服口服。只有这样，双方才有可能在游戏结束之后，留下化敌为友的机会。最强劲的对手也有可能变成你最好的合作伙伴，竞争时期产生的相互了解，也会转化成合作时的高度默契。如果因为商业上的利益纠葛而无限上纲，对手就会变成真正的敌人，即使你赢得了胜利，也会因此产生一个终身死敌。这样的敌人给你带来长期的麻烦，会让你的一次胜利失去一大半利益。

善待敌人虽然会有一定的危险，但处理得当却对我们大有裨益。中国有句古话叫英雄惜英雄，很多人对那些势均力敌的对手总是满怀尊重，虽然他们可能给我们带来过麻烦，但正是因为有这些敌人的存在，让我们时刻保持警惕，不断自我强化，提高自身竞争力。如果我们处在一个完全没有对手的世界里，就会因为找不到奋斗目标而驻足不前，人生也将注定平凡暗淡。

用间篇（四）

原典

孙子曰：昔殷①之兴也，伊挚②在夏；周之兴也，吕牙③在殷。故明君贤将，能以上智④为间者，必成大功，此兵之要⑤，三军之所恃而动也。

注释

①殷：指商朝，商最为后人所知的都城为殷，后世也称之为商殷。

②伊挚：即伊尹，商朝重臣，原在夏朝为官。

③吕牙：即姜子牙，周朝开国元勋，原在商朝为官。

④上智：智慧高明之人。

⑤要：关键。

译文

孙子说：以前商朝之所以能兴起，是因为重用了夏朝的重臣伊尹；周朝之所以能兴起，是因为重用深知殷商情况的姜子牙。所以明智的君主和贤明的将帅，能够让智慧超群的人成为间谍，为自己所用，这样一定能够建立丰功伟业。这是用兵作战的关键，全军上下的行动都要依靠间谍的情报来行动。

解析

战时国家用兵方略的制定和将帅临阵指挥的最大困扰，就是敌方情况难以全面掌握。知己知彼才能百战不殆，知己容易，但要真正做到知彼却很困难。很多战争是在对敌人一知半解情况下进行的，有很大风险。因此，要想实现大胜、全胜，尽可能地减少损失，对敌方的充分了解是必不可少的。正因如此，间谍这个职业应运而生，并在战争中不断体现其价值。

孙子在兵法中更是提出了“上智为间”的用人和用兵思想。因为再周全的准备都无法完全应对敌方的变化，再有智谋的本方谋士对敌方的预判都会出现偏差，而大胆使用敌方的人才就能很好地解决这个问题。在充分了解敌方情况的情况下，任何的准备都是有针对性的，任何的作战计划都是奔着敌人最脆弱的方向去的，如此一来，军队在还未开战之时，已经立于不败之地。如果能够反间使用的敌方间谍，将更加如虎添翼，用他们的情报一定更具有价值，用他们来制定用兵方略也更具有一击制敌的效果。

战争时期，双方人才各为其主，很多时候并不一定会坚持不变的立场，尤其是诸侯割据、合纵连横的春秋战国时期。“良禽择木而栖”、“识时务者为俊杰”，这些观点既是人才择主的指导思想，同时也是对人才流动现象的真实写照。正是在这样一种社会氛围下，大胆任用敌方人才既是顺应社会的发展，更是一种现实的需要。大胆地任用既能在思想上感化那些敌方人才，让他们能带着强烈的责任感和知遇之感尽其所能；也是站在现实的角度出发，让这些人才的作用能够得到尽情地发挥。所谓人微言轻，职位太低的话，敌方人才的观点很难引起重视，他们的谋划也很难得到贯彻执行。由此可见，对敌方人才的重用才能最大限度地发挥他们得天独厚的优势。

解读

每个人都会遇到竞争。不管我们愿不愿意，竞争就在那里，只增不减。一个强大的人从不畏惧竞争，相反，竞争的历练能让他们变得更加强大。而一个人在竞争中得到胜利，并不完全因为能力，往往在于他们的思想。当我们明白一切要从现实出发，并保证一切力量都能信手拈来为我所用的时候，我们还会惧怕生活中的对手吗？成功并不只是个人能力之间的较量，还要看这个人的背后有多大的助推力量。任何人只有以现实利益为考量，懂得海纳百川，才能让自己积蓄到足够铸就成功的力量。

对于能够给自己提供帮助的人才，不论他的身份如何，都应该争取拉拢合作。人才的重要性无须赘言，我们经常可以看到各个企业之间的挖角行动。这种挖角既能填补人才空缺，又是了解对手的一种最好方式，毕竟对那些真才实干的人才来说，他们永远是社会的稀缺资源。重用敌方人才，既是对自己力量的加强，同时也能从实际上和心理上对敌方造成严重的打击。对于我们每个人来说，要把有才能的人作为自己的资源，就不能以自己的喜好、立场来决定关系的亲疏，而始终要把对方能给自己带来的利益放在第一位，这是一种开明的心态。

唐太宗李世民向来以开明著称，大将尉迟恭原来是刘武周的部下，在对唐作战中担任急先锋，曾连克大唐城池，斩杀多员守将。但李世民在擒住尉迟恭之后并没有进行报复，而是用诚意打动了他，最终让尉迟恭诚心归顺，成为大唐的开国元勋。有时候，重用敌方人才，不但能实质上增强自身力量，还能起到很好舆论宣传作用，为更多的人才投奔创造条件。

重用敌方人才还能很好地打击敌方的士气。在世界战争史上，任何一方对于那些主动投诚的敌方人才，一般都给予优待。这既是基于人道主义的善举，又是打击对手的必要手段。来自台湾的林毅夫在游泳渡海回到祖国之后，受到中国政府的培养和帮助，在国内担任多项高层职务，并在 2008 年担任世界银行高级副行长。林毅夫先生这些光辉的履历自然是他个人努力的结果，但和中国政府的培养和帮助也是分不开的。对林毅夫先生的培养和帮助既能让中国的经济领域多一位顶尖人才，同时也是在向对岸的同胞显示开放和包容的姿态，呼唤更多的台湾同胞能回到祖国，为国家建设贡献力量。

重用敌方人才也能体现个人情怀，能够忘记这些敌方人才曾经给我们带来的打击本身就需要胸怀和海量。当我们能摒弃这种隔阂重用这些人才的时候，能让他们看到我们的诚意和人格魅力，这也将成为敌方人才诚心归顺的强大吸引力。当我们带着这种宽大的情怀与人相处，不同领域，甚至不同阵营的人就会自动汇集到我们的周围。

当然，当我们以海纳百川的姿态吸纳一切可利用资源的时候，一定要记得"防人之心不可无"，不能对他人全无防范之心，毕竟，人在竞争环境中，都在追求自己的利益。这需要我们既要有情怀，又要有智慧；既能利用他人的力量，也知道他人可能会带来的危险。多多观察思考，锻炼自己的识人和用人能力，提高自己的掌控能力，这一切都将成为成功的资本。